社会・集団・家族心理学

森 津太子

社会・集団・家族心理学（'20）

装丁・ブックデザイン：畑中　猛

s-60

まえがき

　本書は大学生（学部学生）向けの社会心理学の入門書である。タイトルが「社会・集団・家族心理学」となっているのは，本科目が公認心理師対応科目の1つとして設置されているためである。放送大学でも2019年度第1学期より，学部段階で公認心理師対応カリキュラムを正式に開始した。

　公認心理師対応科目には，「知覚・認知心理学」，「教育・学校心理学」など，複数の内容が科目名のなかに併記されているものが少なくない。しかし本科目のように，3つの内容（社会，集団，家族）が併記されているものは他にない。特に「家族」については，本文中にも説明しているとおり，これまでは発達心理学や臨床心理学の文脈のなかで語られることが多く，社会心理学という学問分野のなかで「家族」について論じられることは稀であった。しかしこれもまた本文に記載しているように，現代の社会心理学（特に集団力学）の基礎を築いたクルト・レヴィンは，早くから家族関係に着目し研究を行っている。この事実は重く受け止められるべきものであろう。社会心理学は，今後，家族心理学とどのような関係を築いていくのか。公認心理師のカリキュラム編成によって突き付けられたこの問題に対して，社会心理学界は未だ答えを模索中である。本書においても，家族心理学を扱う章（第12章，第13章）が他の章と必ずしも有機的に関係づけられていないのは，そのような事情による。揺籃期ゆえのこととしてご寛恕願いたい。

　もう一点，あらかじめ断っておきたいのは，本科目は，公認心理師対応科目として求められている内容を網羅することに重点を置いたために，全般的に説明が"浅く広い"ものになっているということである。

社会心理学は本来はもっと豊かな学問であり，個々の概念や理論の裏側には，機知に富んだユニーク研究が数多く存在している。それらを知ることは社会心理学を学ぶ醍醐味であり，また最終章で言及する「実践的な知」や「人文的な知」に至る近道でもある。しかし個々の研究の個別具体的な説明をするには紙幅が足りず，本書では十分に紹介することができなかった。それを補うため，本書では各章末に「参考文献」として，初学者向け，一般向けの本を複数挙げた。本書を読んで少しでも興味を持った内容があれば，ぜひそれらの参考文献にもあたってほしい。また放送教材（テレビ）では，一部の研究について，より詳しく紹介しているので，そちらも参照していただきたい。

　本書を通じて，多くの方が「社会心理学」という実に魅力的な学問に関心を持ってくれることを願っている。

2020年3月

森　津太子

目 次

1 | 社会心理学とは何か

《目標・ポイント》　本科目の中核となるのは社会心理学という学問である。そこで本章では，学問の定義，特徴，成り立ちなどを学習することを通じ，社会心理学の概略を掴み，今後，学習を進めていく上での基盤とする。
《キーワード》　社会的動物としての人間，社会心理学の定義，B＝ƒ（P・E），3つの水準の「社会」

1. 社会的動物としての人間

　「人間は社会的動物である」ということばを聞いたことはあるだろうか。このことばの由来は古代ギリシャのアリストテレスの著作にまで遡るが，紀元前に書かれたものとは思えないほど，現代の人間にも広く通用する。「人間は社会的動物である」というのは，端的に言えば，人間は自ずと社会を構築し，その中で生活を営む動物だということである。身の回りの世界を見渡しても，それを実感する現象は数々ある。たとえば最新技術の多くは，携帯電話やスマートフォン，ツイッター，フェイスブック，スカイプなど，他者とのコミュニケーションを支援するツールやサービスに優先的に利用されている。ひと頃は技術が進むほど，人間は他者とコミュニケーションをとらなくなり，互いに孤立したり，人間関係が希薄化したりすることが懸念されていたが，現代の特に若者たちを見る限り，むしろ一時もコミュニケーションを断絶したくないかのようである。

2. 社会心理学という学問

（1）社会心理学の定義

　本書で扱う「社会心理学」という学問は，まさにこのような人間の社会性を心理学的な側面から検討していこうという分野である。「社会心理学」というと，日本語の「社会」ということばの意味（国家やコミュニティなど，多くの人間が集まった共同体を指す場合が多い）に引きずられて，集団の心理学を扱う学問と誤解されがちだが，ここでの「社会」は，たとえば「あの人は社会性があるね」という場合などに使われる「社会」に近く，必ずしも集団との関係性を仮定したものではない。どちらかと言えば，1対1あるいは1対少数といった，マイクロな対人関係を念頭においたものと考えたほうが本来の姿に近い。

　社会心理学がどのような学問かを考えるとき，よく引き合いに出されるのがゴードン・オルポートの定義である。彼は，社会心理学を「他者が実際に存在したり，想像の中で存在したり，あるいは存在することがほのめかされていることによって，個人の思考，感情，および行動がどのような影響を受けるかを理解し説明する試み」と定義した（Allport, G. W., 1954）。この定義には注目すべき点が少なくとも3つあると思われる。

　1つ目に注目したいのは，この定義の中に「社会」ということばが出てこないということである。それは，社会とは他者が存在する環境と同義であり，仮にたった一人の他者であったとしても，その存在が私たちに何らかの影響を与えるのであれば，それは社会として社会心理学が取り上げるべき事象だからである。

　2つ目に注目すべきは，その他者が，現実に目の前に存在している必要がないということである。日常生活を振り返ってみれば，誰かを思い

浮かべるだけで心が乱されたり，誰かから見られているかもしれないと思うだけで行動がぎこちなくなったりした経験があるだろう。オルポートの定義にある「他者が実際に存在したり，想像の中で存在したり，あるいは存在することをほのめかされていること」というのは，こうしたことを指している。つまり，私たちの心や行動は，他者が目の前にいる，いないにかかわらず，様々なかたちで他者の存在に影響されている。このことを認識し，それに伴う過程や結果を調べていこうとするのが社会心理学である。

　3つ目に，社会心理学では，"個人の"思考，感情，および行動への影響に関心を向ける。すなわち，社会心理学（少なくとも本教材で扱う社会心理学）が着目するのは，基本的にはひとりひとりの人間が持つ心のしくみや働きであり，集団心理や集合行動といったものではないということである。先の文で"少なくとも本教材で扱う社会心理学"という括弧書きを入れたのは，厳密に言えば社会心理学には「心理学的社会心理学」と「社会学的社会心理学」という2つの系統のものがあるためである。これは社会心理学という学問が，社会学と心理学という2つの学問分野の境界領域であることに由来する。本教材で扱うのは，心理学を背景として成立した「心理学的社会心理学」であり，社会学的色彩が濃い「社会学的社会心理学」とは，仮に同じような社会心理学的事象を扱っていたとしても，それへのアプローチの仕方が異なる。社会学的社会心理学では，個人よりも集団に重きを置き，社会構造や社会的変化などの把握・分析を研究目的とすることが多い（中村，2006）。

　ただし今日では，単に「社会心理学」といった場合，心理学的社会心理学を指すことが多く，それが心理学の一領域として位置づけられることからもわかるように，他の心理学の領域と同じく，関心の焦点は個人の心のしくみや働きにある。すなわち，（心理学的）社会心理学が扱う

のは,「社会の中で生きる個人の心」であって,「社会の心」ではないのである（唐沢，2012；唐沢・戸田山，2012）。社会心理学は"想像上の他者"からの影響も，その研究範囲とするという前述の議論も，社会心理学が個人の心に焦点をあてた学問であるということを考えれば，納得がいくだろう。

　さらに個人の心に着目するという志向性は，上記のオルポートの定義には明示されていない社会心理学の研究範囲にも目を向かせてくれる。オルポートの定義を単純に読み解く場合，個人の心は社会（他者の存在）から一方的に影響を受けるものである。しかし私たちの心が，社会からどのような影響を受けるかということは，私たちがその社会をどのように解釈・理解するかにも依存する。クルト・レヴィン（Lewin, 1939）は人間の行動は人と環境の関数だと主張し，それを$B = f(P \cdot E)$という公式で示した。Bは行動（Behavior），Pは人（Person），Eは環境（Environment）である。これは私たちの行動が，社会環境だけでなく，その環境を人がいかに理解するかに依存するものであることを示している。テイラー（Taylor, 1998）によれば，社会心理学者は今日に至るまで，常に次の2点で合意をし，関心を向けてきたという。1つは「個人の行動は環境，特に社会環境に強く影響を受ける」ことであり，もう1つは，「個人は社会的状況を能動的に解釈する」ということである。すなわち社会心理学は，「私たちが社会からどのような影響を受けているのか」（社会→個人）と，「私たちが社会をどのように理解しているのか」（個人→社会）という2つの過程を含む相互作用を，その研究対象とする学問と考えることができる。

（2）社会心理学の特徴

　このように，人は他者の存在という社会環境から大きな影響を受け，

また私たち自身も社会環境に能動的に関わっている。他者からの影響は時に煩わしいものであったり，私たちの行動を制限するものであったりするが，それでもなお，他者との相互作用は私たちが生存していく上で必要不可欠である。このような事実を端的に表わしたのが，「人間は社会的動物である」というフレーズであり，この短いフレーズが示唆する事柄の重要性は，以降に続く章の中で徐々に明らかになっていくだろう。

　さてこの「社会的動物（Social Animal）」ということばをそのまま題名に冠した社会心理学の著名な教科書がある。この邦訳書の題名は『ザ・ソーシャル・アニマル』である。1972年に初版が発行されて以降，社会心理学という学問内外の時流に対応するかたちで，繰り返し改訂が行われており，2019年2月現在，原書の最新版は第12版である（Aronson & Aronson, 2018）。『ザ・ソーシャル・アニマル』には，私たちが日常生活の中で遭遇しそうな様々な事象が例示され，それに対する社会心理学的な説明が，実際に行われた研究（多くは実験）の結果とともに紹介されている。これは，社会心理学が取り組む研究設問（リサーチ・クエスチョン）の多くが，私たちの日常生活と密接に関係したものであることを示している。たとえば次のような問いは，いずれも社会心理学で検討されている研究設問であり，本書で取り上げられるトピックスの一部でもある。

「私たちはどうして，他者に対して偏見やステレオタイプを持つのだろうか」
「人はどのような時に，他者からの説得を容易に受け入れてしまうのだろうか」
「私たちはしばしば辛い胸の内を親しい人に打ち明けることがあるが，

それにはどのような心理的効用があるのだろうか」
「東洋人と西洋人では，物事のとらえ方や考え方が異なるのだろうか」

　一方で社会心理学では，私たちが日常的に出合う問題だけでなく，世間の耳目を集めた事件や事象を発端として研究が行われる場合もある。たとえば第9章で紹介する「冷淡な傍観者」の実験は，ニューヨークで起きた女性殺害事件（キティ・ジェノヴィーズ事件）がきっかけであるし，第10章で紹介する「権威への服従」実験は，第二次世界大戦時にナチス・ドイツが決行したホロコーストがそのきっかけである。いずれの場合も，なぜそのような悲惨な事件が起きたかを検証し，一定の答えを与える内容になっている。このような社会心理学の学問的特徴を踏まえ，『ザ・ソーシャル・アニマル』の著者であるエリオット・アロンソンは，社会心理学は「世界をよりよい生活の場にしていく上で必要不可欠な役割を果たし得る」と主張し，さらに言えば「われわれの生活に深遠で有益な影響を及ぼすことのできる特別な立場にある」学問だと胸をはっている（Aronson, J. & Aronson, E., 2018）。

　しかし上記のような問いや，理解しがたい事件の数々に対し，答えを提供しているのは何も社会心理学者だけではない。テレビや新聞では評論家と呼ばれる人が様々な解説をしているし，そのような解説を待たずとも，多くの人は一人の「社会的動物」として，上記のような社会心理学的事象に疑問を持ち，自分なりに検証をして答えを出そうとしているように見える。友人や同僚との間で繰り広げられる四方山話に耳を傾ければ，誰もがいっぱしの社会心理学者として解説を行っていることがよくわかる。そのような"アマチュアの"社会心理学者による答えは，しばしば"プロの"社会心理学者が出す答えと等しく貴重なものだ。実際，慣習的な知恵というものは，時の検証を経てきたものであるため，正し

いことも多い。そのため，"プロの"社会心理学者の出す知見は，"アマチュアの"社会心理学者にとって自明なもの，当たり前のもの，すでに知っていたものに見えることもしばしばである。

　しかし，それは後知恵バイアスであるとアロンソンは指摘する（Aronson, J. & Aronson, E., 2018）。後知恵バイアスとは，ある事象が起こり，その帰結を知ってしまうと，その帰結は事前に予測できたものとして，自分の予測能力を過大に評価する認知の歪みのことである。私たちは，一旦，事が起こった後では，「最初からそうなると思っていた」と考えがちだが，現実には事前に物事がそのように進むと予測できることは多くない。自明と思われる事象が最初から自明であることはまれであり，だからこそ，科学的検証が必要なのである。

　それとは反対に，それまで当たり前のように"真実"だと信じられてきた事柄が，社会心理学の研究によって"誤り"だと明らかにされることもある。実際，人間は多くの人が想像する以上に状況（環境）の影響を受けやすいし，にもかかわらず，私たちが他者の行動について考えるとき，状況（環境）の影響（レヴィンの公式におけるEの影響）を軽視しがちだからである。また，人は自分や自分をとりまく環境について，正しく客観的に認識していると信じているが，その認識には様々な歪みが生じることも明らかにされてきた。したがって，本書で紹介される知見の数々が，読者の常識を覆すことも多々あるだろう。

　さらにアロンソンは，アマチュアとプロの社会心理学者の違いについて，いずれも検討すべき事象を注意深く観察することから始める点では同じだが，プロはそのような観察に加え実験をはじめとする実証的研究を行うという点が異なると言う（Aronson, J. & Aronson, E., 2018）。現代の社会心理学で重視されるのは，「実証性」であり，たとえ日常的な経験や現実の事件から着想を得た問題であっても，客観的証拠によって，

理論や仮説，命題を検証し，その真偽が追及されない限りは，社会心理学の知見にはなりえない。次章以降に紹介される社会心理学の知見も，いずれもが実証的研究に基づくものであり，実証性を保証する手段として，社会心理学の研究で最もよく用いられる方法が「実験」である。実験についての方法論的な説明は他書（「心理学研究法」のテキストなど）に譲るが，実験という手法を用いることで，先入観や常識にとらわれることなく，検証すべき事柄の真偽を確認することができる。これがアマチュアの社会心理学者とプロの社会心理学者の違いである。

　さらに実験を行うことの利点として，焦点となる行動を調べるための社会環境を再構成できることが挙げられる。人間行動のある側面を調べようとする場合，現実場面においては，調べたい事象が起きるのをひたすら待って観察するよりほかに方法はない。それに対し実験では，調べたい事象が起きるような社会環境を人工的に作り出して，そこで起きる行動を観察する。ただし現実の社会環境を，実験の場に忠実に再現することは大抵の場合不可能であるし，そもそもそうする必要もない。むしろ検証すべき事柄のみを抽出し，それとは無関係な環境要因を排除したり，コントロールしたりすることによって，絡み合った糸を解きほぐし，社会的事象の本質を見極めることができると考えられる。その意味で，実験は複雑な現象を理解する最善の研究法である。しかし，これは容易なことではない。検証したい社会環境をいかにうまく実験環境として再現するかは，社会心理学の醍醐味でもあり，機知に富んだ実験手続きはそれ自体が研究の魅力となっている。

（3）社会心理学の研究範囲
　社会心理学は幅広いテーマをその研究対象としているが，慣例として，社会を「個人内」「対人間」「集団」という3つの水準に区分することが

多く，本書もこれに準じた構成になっている。

　1つ目の「個人内」を水準とした研究では，私たちが身の回りの環境をどのようにとらえているか，自分自身をどんな人間と思っているかといった問題をとりあげる。既述のように社会心理学では，"個人の"思考，感情，および行動への影響に関心を向ける。他者や他者を含む周辺環境を個人がどのように認識しているのか，また他者との関係において，その個人が自分自身をどんな人間と感じ，考えているのかといった問題は，現代の社会心理学の主要なテーマとなっている。

　2つ目の水準である「対人間」では，二者間のコミュニケーションや，他者に向けた行動，他者との相互作用などに焦点があてられる。代表的なテーマには，対人魅力，援助行動や攻撃行動などがある。

　3つ目の水準である「集団」では，集団や組織の中での個人の行動や，集団成員間の関係性，集団間の関係性などに焦点があてられる。代表的なテーマには，社会的影響，集団意思決定，偏見・差別，社会的ジレンマなどが挙げられる。

　この3つの水準に，さらによりマクロな水準のテーマが付け加わることもある。第14章の文化はその典型である。このような社会心理学における「社会」の水準については，最終章で再び議論する。

3. 社会心理学がもたらすもの

　心理学の歴史の中で，エビングハウスが言った「心理学の過去は長いが歴史は短い」ということばはあまりに有名である。これは，心理学的な関心が先史の時代からあったこととは対照的に，それが1つの学問分野として確立しえたのはごく最近のことだということ（一般的には，ヴントがライプツィッヒ大学内に初めて実験室を設けた1879年とされる）

を端的に表したものとされる。

　同じことは社会心理学にも言える。先に挙げた「人間は社会的動物である」ということばは、アリストテレスが紀元前328年頃に著わした『政治学』の一節に由来し、アリストテレスはこのほかにも現代の社会心理学に通じる、様々な言説を残している。こうしたことを考慮に入れるなら、社会心理学の萌芽は遙か昔からあったことになる。しかしその社会心理学が学問として独り立ちを始めたのは、やはりごく最近のことである。社会心理学の始まりをいつとするかについては専門家の間でも意見が分かれているが、のちに社会的促進と呼ばれる現象（他者の存在によって課題の遂行が促進される現象、第10章参照）が、トリプレットによって初めて実験的に検証され報告された1898年（Triplett, 1898）や、マクデューガル（McDougall, 1908）とロス（Ross, 1908）が、「社会心理学（Social Psychology）」というタイトルの教科書を、奇しくも同じ年に出版した1908年が、しばしばその候補として挙げられている。したがって、社会心理学の誕生は20世紀初頭辺りとするのが妥当なところだろう。

　このような事実から、社会心理学者自身も「社会心理学」を若い学問だと主張することが多い。しかし『ザ・ソーシャル・アニマル』の著者であるエリオット・アロンソンは、このような主張は、社会心理学者の責任逃れだと批判している（Aronson, J. & Aronson, E., 2018）。つまりそう主張することは、「私たち社会心理学者にあまり多くを期待しないで欲しい」と人びとに嘆願をしているようなものだからである。既述のように、社会心理学が扱う問題は私たちの日常生活や現実に起こった事件などと密接に関係している。したがって、そこで明らかになったことは様々な現実場面に応用可能なはずである。しかし応用は危険をはらみ、もしものことがあれば社会心理学者は責任を問われる。それを嫌うがた

めに，社会心理学者は，社会心理学を若い学問と言うのだと，アロンソンは言う。

　アロンソンは，『ザ・ソーシャル・アニマル』を執筆した目的を，「社会心理学的研究が現代社会につきまとう諸問題のいくつかに対して持ちうるかもしれない関連性を，恥じることなく（だがいくばくかの恐れを持って）わかりやすく説明していくことにある」としている（Aronson, J. & Aronson, E., 2018）。すなわち，現実世界で起きた問題を実験室の中で再現し，検証するだけでなく，厳密な手続きによって明らかになったことを，今度は実験室から取り出し，現実世界に還元するまでが社会心理学者の仕事だというわけである。このアロンソンのことばを本書の執筆者である私自身はしっかりと胸に刻みたいし，本書を通じて社会心理学を学ぶ皆さんにもぜひこのことばを胸に，積極的な姿勢で社会心理学を学んでいってほしい。

 1．キーワードに挙げられていることばについて説明してみよう。
　　　2．次章以降を読み進める前に，社会心理学という学問分野に対して現在，抱いているイメージを書き留めておこう。そして，すべての章を読み終えたのちに，それを見直してみよう。
　　　3．大型書店の心理学のコーナーから，社会心理学の棚を見つけ，どのような書籍が並べられているかを見てみよう。また社会心理学の教科書と思われる書籍をいくつか手にとって，目次を見てみよう。内容の多様性を確認するとともに，書籍によって含まれる内容に違いがあるかを比較してみよう。

引用文献

Allport, G. W.（1954）. The historical background of social psychology. In G.

Lindzey & E. Aronson (Eds.), *Handbook of social psychology* (vol.1, pp.1-46). NY: Random House.

Aronson, J. & Aronson, E. (2018). *The social animal*. NY: Worth Publishers.

唐沢かおり (2012).「成功」した学問としての社会心理学　唐沢かおり・戸田山和久 (編) 心と社会を科学する (pp.13-40) 東京大学出版会

唐沢かおり・戸田山和久 (2012).　社会心理学と科学哲学のコラボレーション　唐沢かおり・戸田山和久 (編) 心と社会を科学する (pp.1-11) 東京大学出版会

Lewin, K. (1939). Field theory and experiment in social psychology: Concepts and methods. In K. Lewin (Ed.), *Field theory in social science*. (pp.130-154) NY: Harper & Row.

McDougall, W. (1908). *An introduction to social psychology*. London: Methuen.

中村陽吉 (2006).　新　心理学的社会心理学—社会心理学の100年　ブレーン出版

Ross, E. A. (1908). *Social psychology: An outline and a source book*. NY: Macmillan.

Taylor, S. E. (1998). The social being in social psychology. In D. T. Gilbert, S. T. Fiske, G. Lindzey (Eds.), *The handbook of social psychology* (pp.58-95). NY: Random.

Triprett, N. (1898). The dynamogenic factors in pacemaking and competition. *American Journal of Psychology, 9*, 507-533.

参考文献

アロンソン, E. 岡隆 (訳) (2014). 『ザ・ソーシャル・アニマル (第11版) —人と世界を読み解く社会心理学への招待』サイエンス社

池田謙一・唐沢穣・工藤恵理子・村本由紀子 (2019). 『社会心理学 (補訂版)』有斐閣

山岸俊男 (監修) (2011). 『徹底図解　社会心理学—歴史に残る心理学実験から現代の学際的研究まで』新星出版社

2 | 対人認知とステレオタイプ

《目標・ポイント》 私たちは日々，多くの他者と交流を重ねている。その際，相手をどのように認識するかは，円滑な社会生活を営んでいく上で極めて重要な問題だろう。しかし他者の印象は，その人自身がもつ特徴だけで決まるものでなく，むしろその相手を認知する側の様々な事情によって大きく左右される。なかでも認知者の既有知識は，対人認知に大きな影響を与える要因であり，ステレオタイプと呼ばれる特定のカテゴリー集団に対する知識は，対人認知を方向づける働きをする。

《キーワード》 対人認知，印象形成，ステレオタイプ，確証バイアス，自己成就的予言

1. 対人認知とは何か

　他者の外見や言動，社会的背景などの情報を手がかりにして，その人物の印象を形成したり，感情や意図，パーソナリティなどを推測したりすることを対人認知という。認知とは，人間の高次の心の働きを示す概念で，日常語では，「認識」ということばを当てた方がわかりやすいかもしれない。私たちの認知は物に対しても行われるが，物の認知と人の認知では，少なくとも次の2つの点で大きな相違がある。

　第1に，物の認知の場合，大きさ，形，色といった物理的・外面的な特徴の把握に重点が置かれるが，人の認知は心理的・内面的特徴の把握により重点がおかれる。すなわち私たちは，他者を認識するとき，その

人は“背が高い”とか，“髪が黒い”といった外面的な特徴を認識する
に留まらず，その人の印象（“優しそうな人だ”）を形成したり，感情
（“怒っているようだ”）や意図（“私を騙そうとしている”），パーソナリ
ティ（“外向的な性格のようだ”）などを認識したりしようとする。しか
し内面的特徴の認識は，推測が関与する余地が大きく，おのずとこうし
た認識をする側の事情が大きな影響を与えることになる。これが，物の
認知と人の認知の2つ目の大きな相違点である。つまり物の認知は，対
象側（客体）がもつ物理的な特徴に規定される部分が大きいのに対し，
人の認知は，むしろ対象を認知する側（主体）の心の働きに大きく左右
される。同じXという人物に対する印象が，AさんとBさんではまった
く異なるというのは日常的にもよく経験されることだが，これはXに対
するAとBの知識，期待，欲求，感情，あるいは関係性が大きく異なる
ためだと考えられる。

（1）　中心特性と周辺特性

　対人認知によって形成される他者の印象のなかでも「温かい―冷たい」
という特性は重要な意味を持っている。ソロモン・アッシュ（Asch,
1946）は，「ある人物の特徴を示したもの」として，表2-1のリストA
もしくはリストBに含まれる特性形容詞を順に示し，この人物にどのよ
うな印象を抱いたかを回答してもらった。すると，リストAの特性を示
された実験参加者は，リストBを示された参加者に比べ，この人物に対
してはるかに良い印象を持ったことが報告されている。リストの内容を
よく見ればわかるように，リストAとBの違いは，「温かい」という特
性形容詞の代わりに「冷たい」という特性形容詞が入っていることだけ
である。にもかかわらず，リストAの人物は，リストには含まれていな
い特性（たとえば，ユーモアがある）についても，総じて肯定的な評価

がなされた。このような印象形成における劇的な変化は、別の特性（た
とえば、礼儀正しい）を、その対義語（無愛想）に入れ替えたときには
起きなかった。このことからアッシュは、「温かい―冷たい」という特
性は、私たちが他者に抱く印象の中でも中心的な役割を果たすもの（中
心特性という）であり、他の特性（周辺特性という）が含意する意味ま
でも左右するとしている。

表 2 - 1　アッシュが用いた特性形容詞リストの例（Asch, 1946）

リスト A	知的な→器用な→勤勉な→温かい→決断力のある→実際的な→注意深い
リスト B	知的な→器用な→勤勉な→冷たい→決断力のある→実際的な→注意深い

（2）対人認知における既有知識の働き

　対人認知は外面的な特徴からの推測だが、入手可能で観察可能な特徴
には限界があり、他者の心理的・内面的特徴を推測するのに十分な情報
にはなりえない。そのため、私たちは既有の知識を最大限に利用して、
見えない特徴を推測しようとする。

　その 1 つが暗黙の性格理論と呼ばれるものである。たとえば、ある人
が「正直な」人だと知ると、その人はおそらく「信頼できる」人だろう
と、自然に推測することがある。これは、私たちが他者の性格について、
自分なりの理論を持っているためだと考えられている。これを暗黙の性
格理論という（Bruner & Tagiuri, 1954; Cronbach, 1955）。ローゼンバ
ーグら（Rosenberg, Nelson, & Vivekanathan, 1968）によれば、私たち
が他者を認知する際に想定する性格特性は、「社会的望ましさ」と「知
的望ましさ」を軸とする二次元の空間に布置できるもので（図 2 - 1 ）、
近くにある性格特性ほど、1 人の人物が同時に保持していると推測され
やすい。

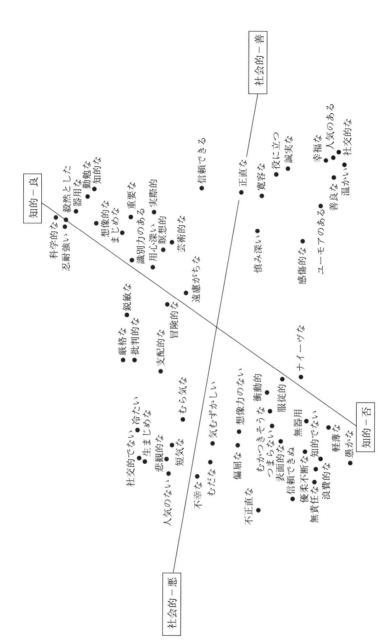

図2−1 暗黙の性格理論 (Rosenberg, Nelson, & Vivekanathan, 1968)

2. ステレオタイプ

（1） ステレオタイプとは何か

　私たちは，性別，人種，職種，年齢など，様々なカテゴリーで区分された集団やその成員に対して，抽象化された知識を持っている。これをステレオタイプという。つまり，ステレオタイプも対人認知の際に用いられる既有知識であり，このような知識があるために，たとえこれまでに会った経験がなくても，「アメリカ人とはどのような人たちか」と問われれば，その特徴を挙げることができる。またはじめてアメリカ人に会った時にも，ごく自然に，そのステレオタイプを利用し，その人の心理的・内面的特徴を推測することだろう。

　しかしステレオタイプは，必ずしも正しい知識ではない。メディアなどを通じて形成されたステレオタイプのなかには，実態とはかけはなれたステレオタイプが多数存在する。加えて，ステレオタイプは抽象化された知識であるため，たとえ全体として見れば，正しい知識だったとしても，それがすべての集団成員に適用できるわけではない。それは，男性は女性よりも背が高いという知識は総じて正しいものの，個々の人物に目を向けると，女性の平均身長よりも背が低い男性は大勢いるし，逆に男性の平均身長よりも高い女性も大勢いることと類似している。しかし，実際にはすべての集団成員に共通する特徴でなかったとしても，ステレオタイプは集団成員一人一人に適用されることが多い。したがって，「アメリカ人は陽気だ」というステレオタイプを仮に持っていた場合，それは個別のアメリカ人を認識する際の枠組みとして利用されることとなる。

（2）偏見と差別

　ステレオタイプは，特定の集団成員に対する知識，信念，将来の行動予測など，主に認知的な要素のことを指すが，そこにはしばしば正負（肯定的・否定的）の評価が伴う。このような特定の集団成員に対して抱く評価的，感情的反応のことを偏見という。偏見は常に否定的というわけではなく，肯定的な感情反応も偏見の一部である。ただし，否定的な場合のほうが，より社会問題として顕在化しやすい。ステレオタイプや偏見をもとに，特定の集団成員に対して向けられる具体的な行動のことを差別という。

（3）ステレオタイプ内容モデル

　アッシュの印象形成の研究で中心特性とされた「温かい―冷たい」という特性は，特定の集団成員に対するステレオタイプとしてもよく利用され，概して自分を含まない集団（外集団という，第11章参照）の成員に対しては，「冷たい」という特性が付与されやすい。しかし平等主義的な信念が浸透している現代社会においては，特定の集団成員に否定的な特徴のみを付与することは，許容されないことが多い。そうした背景から，近年では両面価値的ステレオタイプ，すなわち，ある側面においては否定的だが，別の側面では肯定的なステレオタイプがよく見られるという。なかでも，「温かい―冷たい」という人柄の次元と，「能力が高い―低い」という能力の次元における評価は相補的になりやすく，「冷たいが能力が高い」や「温かいが能力が低い」といったステレオタイプが，様々な集団成員に付与されている（Fiske, Cuddy, Glick, & Xu, 2002）。

　このようにステレオタイプを人柄の次元と能力の次元の二次元でとらえるモデルをステレオタイプ内容モデル（Fiske, et al., 2002）という。

このモデルによると，人柄次元と能力次元に関するステレオタイプは，特定の集団成員が実際に持っている特徴というよりは，ステレオタイプを付与する側と付与される側との関係性によって規定される。すなわち，自分と敵対関係にあったり，目標が競合したりする集団の成員に対しては，その実態にかかわらず「冷たい」（人柄が悪い）という特性が付与されがちであり，反対に自分の味方であったり，競争相手にならない集団の成員に対しては「温かい」（人柄が良い）という特性が付与されがちである。

　加えて，既述のように，現代のステレオタイプの多くは両面価値的（相補的）であるため，敵対関係にあるような集団であっても，特に社会的地位が高く，支配的な立場にある集団の成員に対しては，「冷たいが能力が高い」といったステレオタイプが付与される。反対に自分と敵対的な関係になくても，従属的な立場にある集団に対しては，「温かいが能力が低い」といったステレオタイプが付与される。前者の例には富裕層，高級官僚，キャリア・ウーマンなどが，後者の例には高齢者や障がい者，女性一般（特に主婦層）などの社会的弱者が挙げられる。なお，ステレオタイプ内容モデルにおける人柄次元と能力次元は，暗黙の性格理論（図 2-1）における社会的望ましさ，知的の望ましさの次元にそれぞれ対応すると考えられている。

　両面価値的ステレオタイプは正当化されやすいと考えられている。なぜなら，自分より社会的地位が高い集団は能力が高いことを認めざるを得ないが，人柄が良くないと考えることで，心の安定をはかることができる。一方，ステレオタイプを付与される側にとっても，人柄が良くないと思われることは不本意だろうが，能力が高いと認められることによって，否定的なステレオタイプは軽減されることになるだろう。同様に，社会的地位が低い集団に，単に能力が低いと言うことは許容されないだ

ろうが，人柄が良いと付け加えることで，表面的には不当な評価ではないように見える。ステレオタイプを付与される側にとっても，人柄が良いという部分を強調されれば，まさか自分に偏見の目が向けられているとは考えにくいだろう。

　このように，現代のステレオタイプの多くは両面価値的であるため，相補的でないステレオタイプが付与される対象は，極めて限定的だと考えられている。たとえば，人柄と能力の次元でいずれも肯定的に評価されるのは，自分と同じ集団（内集団という，第11章参照）の成員，特にその社会において多数派を占める集団の成員のみである。一方，人柄と能力の次元でいずれも否定的に評価されるのは，薬物依存者やホームレスの人などである。

　以上をまとめたのが，図2-2である。人柄も良く，能力も高いと見なされる内集団成員は賞賛されたり，誇りに思われたりするが，それ以外の集団に対しては，タイプに応じた偏見が生じやすい。能力は高いが人柄は良くないと見なされる人々に対しては妬みや羨望に基づく偏見，人柄は良いが能力は低いと見なされる人々に対しては同情や憐れみに基づく偏見，能力も低く人柄も良くないと見なされる人々に対しては嫌悪や軽蔑に基づく偏見が生じる。

3. 対人認知の帰結

（1）確証バイアス

　暗黙の人格理論やステレオタイプが，他者に関する既有知識として，対人認知に利用される場合，これらの知識は一種の期待として働き，対人認知を特定の方向に導く役割を持つ。それを示唆する研究の1つとして，ここではアッシュの研究をより現実的な場面で行ったケリーの研究

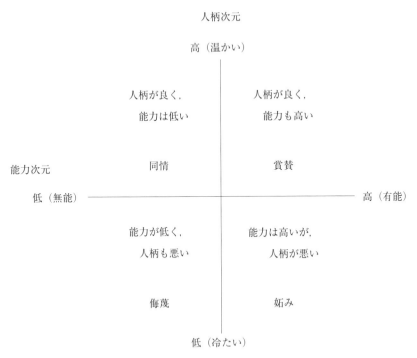

図2-2　ステレオタイプ内容モデル（Fiske et al.（2002）より作成）

を紹介しよう（Kelley, 1950）。

　この研究は大学生を対象に行われた。ある日の授業開始前，今日の授業は臨時講師に教鞭をとってもらうと伝えられ，その人の経歴や人となりを紹介する文章が配られた。受講生はその文章を読んだ上で実際に授業を受講したが，その際，半数の学生に配られた紹介文には「講師は非常に温かい人だ」という説明があり，残りの半数の学生に配られた紹介文には「講師はやや冷たい人だ」という説明があった。それ以外の紹介文はまったく同じであった。つまりアッシュの研究と同様に，「温かい」と「冷たい」という特性形容詞のみ入れ替えられたのである。

　その結果，事前に渡された紹介文に「温かい」と紹介されていた場合には，紹介文に「冷たい」と紹介されていた場合よりも，講師に対してより好意的な評価をする傾向が見られた。具体的には，「温かい」という紹介文を読んだ学生は，「冷たい」という紹介文を読んだ学生に比べ，講師はより他者に対して配慮があり，形式ばらず社交的で，人望があり，性質が穏やかで，ユーモアにあふれ，人情味がある人物と評価していた。さらに講師が「温かい」と紹介された学生は，「冷たい」と紹介された学生より，授業内で行われたディスカッションにも積極的に参加する傾向が見られた。

　アッシュの研究では，単に人物を描写する特性形容詞が示され，その人物をイメージして印象を答えるよう求められただけであったのに対し，ケリーの研究では，実際に「温かい」もしくは「冷たい」と描写された人物に対面し，授業まで受けている。つまりケリーの実験では，まったく同じ人物から同じ授業を受けたにもかかわらず，事前に与えられた紹介文の内容の違いによって，その人物に対する評価や，その人物に対する行動に大きな相違が見られたのである。

　上記のような結果が得られたのは，講師についてあらかじめ与えられた情報が期待として働き，確証バイアスが生じたためだと考えられる。授業前に講師が「温かい人物だ」という知識を与えられた学生は，「良い先生に違いない」という期待をもって講義を受けたことだろう。その結果，講師の良い面ばかりに目が行き，悪い面は見過ごされたのだと考えられる。このように，私たちは対象に対して何らかの期待を持つと，その期待を確証する証拠に注意が向かい，それが重要視される一方，反証する証拠は無視されたり，軽視されたりする。これが確証バイアスである。バイアスとは認知の歪みのことである。確証バイアスがあることで，当初は期待であったことがら（“きっと良い先生だろう”）が，揺る

ぎない真実だと信じられることになる（"やっぱり思っていたとおりの良い先生だった"）。

　期待はまた，行動にも影響する。好意を感じる人への接し方と，嫌悪を感じる人への接し方が異なるのは当然のことだろう。そのため，温かい講師であることを期待した学生は，次第にその期待を確証するようになり，ディスカッションにも積極的に参加したのだと考えられる。反対に講師は冷たい人物であろうと期待して授業を受けた学生は，その期待に沿う講師の言動に目が行き，「講師は冷たい」という期待を確証して，講師に良い印象を持たず，ディスカッションへの参加にも消極的になったのだと考えられる。

（2）期待としてのステレオタイプ

　ステレオタイプもまた，期待を形成し，対人認知を導く役割を持つ。ダーリーとグロス（Darley & Gross, 1983）は，実験参加者に小学生の女の子に関するビデオを見せ，その子の学力を評価させるという実験を行っている。ビデオは少女の住まいや学校の様子を映した前半と，少女が学力テストを受けている様子を映した後半に分かれており，前半部のみ，2種類の内容が用意されていた。1つは少女が学歴の低い両親のもとで育った貧しい家の子どもであることを，もう1つは学歴の高い両親のもとで育った裕福な家の子どもであることをほのめかすものであった。実験参加者にはこのいずれかの映像が見せられた。一方，後半部の学力テストの場面は，どの参加者が見たものも同じ内容で，少女が難しい問題に正解することもあれば，簡単な問題を間違えることもある様子が描かれており，学力が高いとも低いとも判断できるようになっていた。実験参加者は，ビデオの前半部のみを見るか，後半部も含めて見るか，また2種類用意された前半部のうち，いずれの内容のビデオを見るかに

よって，４条件に割り振られた。

　結果を見てみよう。図２-３には，一般教養，読解，算数という３つの側面において，実験参加者が推測した少女の学力レベルの平均値が示されている。図の左側はビデオの前半部のみを見て，少女の学力を推測した場合の結果，図の右側はビデオを後半部も含めてすべて見たのちに少女の学力を推測した場合の結果である。図の左側に示された２つの平均値はあまり差がないのに対して，図の右側に示された２つの平均値では，値の開きが大きくなっていることがわかるだろう。

　一般に，社会経済的地位が高い家庭環境の子ども（両親の学歴が高く，裕福な家の子ども）は学力が高く，社会経済的地位が低い家庭環境の子ども（両親の学歴が低く，貧しい家の子ども）は学力が低いというステレオタイプが持たれやすい。しかしこの実験の結果からわかることは，単に少女の社会的背景がほのめかされるだけでは（ビデオ前半部内容を見るだけでは），少女の学力について明確に肯定的，もしくは否定的な推測をするわけではないということである（図２-３左側の結果）。現代社会では，多くの人が，偏見やステレオタイプに基づいた対人判断は望ましくないことだと，幼い頃から教えられてきているので，子どもの社会的背景だけから学力の高低を決めつけることははばかられたのかもしれない。しかしその結果とは対照的に，実験参加者がビデオを後半部まで見た場合，この少女について推測された学力は，少女の社会的背景によって大きく左右されていた。すなわち，少女の家庭環境の社会経済的地位が高いと思われる場合には，社会経済的地位が低いと思われる場合に比べ，より高い学力を推測する傾向が見られたのである。

　ここで注意すべきは，ビデオ後半部の内容はいずれの実験参加者に対しても同一のものだったということである。おそらく，少女の家庭環境の社会経済的地位を高いとみなし，高い学力を期待した参加者は，少女

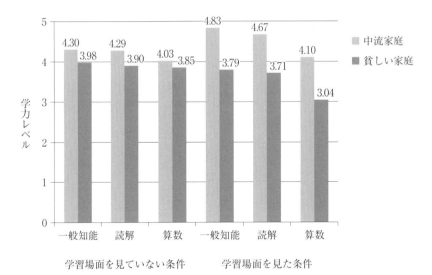

図2-3 **実験参加者が推測した少女の学力レベル**（Darley & Gross（1983）
より作成）

が難しい問題で正解する場面により着目したのに対し，少女の家庭環境
の社会経済的地位は低いと考え，低い学力を期待した参加者は，少女が
易しい問題で間違える場面をより重視したのだろう。つまり実験参加者
たちが，各々自分の期待に合致する証拠により注意を向けた帰結として，
このような傾向が見られたのだと考えられる。
　このように，私たちは，あらかじめ与えられた情報，あるいはすでに
持っている知識（既有知識）によって何らかの期待を持つと，それを一
種の仮説とし，その仮説を検証する情報を探す。しかしこのような仮説
検証のプロセスでは，確証バイアスが働き，当初は，仮説にすぎなかっ
たはずの内容が，確固たる事実として認識される危険性がある。間違っ
たステレオタイプが維持されるのも，確証バイアスによるところが大き
いと考えられている。

（3）自己成就的予言

　対人相互作用場面においては，ステレオタイプに基づく確証バイアスが自己成就する可能性も持っている。スナイダーら（Snyder, Tanke, & Berscheid, 1977）は，男女の実験参加者をペアにして，電話で会話をさせるという実験を行った。その際，男性には，相手の経歴に関する情報とともに，魅力的な女性の写真，もしくはあまり魅力的でない女性の写真を手渡した。ただし，その写真は話し相手本人の写真ではなく，あらかじめ用意された写真で，男性参加者にはいずれかの写真がランダムに渡されていた。外見が魅力的な人は，その他の側面においても望ましい性質を持っていると思われやすい（Dion, Berscheid & Walster, 1972）。これを美人ステレオタイプといい，多くの人に共有されたステレオタイプだと考えられている。美人ステレオタイプは，ハロー効果の一種と位置づけることもできる。ハローとは後光や光背のことを指し，ある1つの側面が際立って良い（もしくは悪い）と，その光に照らされるように，他の側面も良い（もしくは悪い）と評価されることをハロー効果という。身体的な魅力がある人は，ハロー効果により，思いやりがある，ユーモアがある，知性がある，仕事ができるなど，他の側面でも良い性質を持っていることが期待され，そのため，魅力的な女性の写真を渡された男性参加者は，魅力的でない女性の写真を渡された男性参加者よりも電話での会話を楽しみにしていた（事前の調査でそのような結果が得られている）。

　この実験で興味深いのは，女性側は相手の男性が自分の写真（実際には偽の写真）を見ていることを知らないことである。また女性参加者には，相手の男性の写真は渡されなかった。会話は録音され，第三者によって評価が行われた。その結果，男性が魅力的な女性と話をしていると信じていた場合，相手の女性はより友好的で，社交的で，好ましい会話

をしていたことが明らかになった。つまり一方が，相手は魅力的な人だと信じることで，その相手は実際に魅力的に振る舞うようになったのである。このように，未来の出来事に対して，「こうなるだろう」とか，「こうになるに違いない」といった，ある種の予言をしていると，当初はそれが真実でなかったとしても，予言をした人の行動の変化を通じて，現実化してしまうことがある。これを自己成就的予言（もしくは，予言の自己成就）という。この実験の場合，魅力的な女性と会話をすると信じていた男性は，より相手が心地よく感じるやり方で会話を進め，結果的に，相手の女性の魅力を引き出すことに成功したのだと考えられる。

（4）ステレオタイプ脅威

　上記の例は肯定的なステレオタイプが現実化した例だが，ステレオタイプには否定的なものが多く，それが現実化した場合には深刻な問題が生じる。多くの場合，否定的なステレオタイプが付与された集団の成員はそのことを認識しており，それゆえに，自分の行動によって，そのステレオタイプが確証されることを恐れている。これをステレオタイプ脅威という。皮肉なことに，ステレオタイプ脅威にさらされた集団の成員は，本来はそのステレオタイプに合致しない性質を持っていたとしても，それが発揮されず，結果的に否定的なステレオタイプを周りの人に確証させてしまうことが指摘されている。

　たとえば，女性には，「数学の能力が低い」というステレオタイプが付与されることがある。しかしある研究（Spencer, Steele, & Quinn, 1999）によれば，数学のテストをする際に，「このテストの成績には性差は見られない」と，実験者があらかじめ説明をした場合には，実際にテストの得点に性差は見られなかったのに，「成績には性差がある」と説明した上でテストを行うと，女性の得点は男性よりも低くなった。後

者の状況の場合，女性の実験参加者が，「もし自分の成績が悪ければ，女性は数学ができないというステレオタイプを確証することになってしまう」という懸念を持ち，気負ったことが，課題の遂行を妨げたのだと考えられている。このように，ネガティブなステレオタイプは，それを付与されている集団の成員が，それを覆そうとするがあまり，かえってそのステレオタイプが現実化してしまうことがあるのである。

　ステレオタイプ脅威が興味深いのは，実際には，相手が自分に対して，そのような予言を持っていなかった（期待を向けていなかった）としても，「きっと相手は自分のことをこう見ているに違いない」と本人が思い込むことで，その仮想的な予言を成就するような行動が引き出されてしまうことがあるという点である。本章の冒頭で物の認知と人の認知の違いについて述べたが，そこで挙げた点に加え，対人認知には相互作用があり，それが認知者にも，認知の対象者にも変化をもたらすという点も，大きな違いといえるだろう（第8章参照）。

学習課題
1. キーワードに挙げられていることばについて説明してみよう。
2. 同じ人物に対して，あなたと友人，家族が異なる印象を持った経験がないか考えてみよう。もしあったとしたら，印象が異なった原因はどこにあるだろうか。
3. 男子高校生，関西人，外科医に対して抱いているステレオタイプがないかを考えてみよう。

引用文献

Asch, S. E. (1946). Forming impression of personality. *Journal of Abnormal and Social Psychology, 41,* 258-290.
Bruner, J. S., & Tagiuri, R. (1954). The perception of people. In G. Lindzey (Ed.),

Handbook of social psychology (vol.2, pp.634-654). Addison-Wesley.

Cronbach, L. J. (1955). Processes affecting scores on 'understanding of others' and 'assumed similarity'. *Psychological Bulletin, 52*, 177-193.

Darley, J. M., & Gross, P. H. (1983). A hypothesis-confirming bias in labeling effects. *Journal of Personality and Social Psychology, 56*, 5-18.

Dion, K., Berscheid, E., & Walster, E. (1972). What is beautiful is good. *Journal of Personality and Social Psychology, 24*, 285-290.

Fiske, S. T., Cuddy, A. J. C., Glick, P., & Xu, J. (2002). A model of (often mixed) stereotype content: Competence and warmth respectively follow from perceived status and competition. *Journal of Personality and Social Psychology, 82*, 878-902.

Kelley, H. H. (1950). The warm-cold variables in first impressions of persons. *Journal of Personality and Social Psychology, 18*, 431-439.

Rosenberg, S., Nelson, C., & Vivekanathan, P. S. (1968). A multidimensional approach to the structure of personality and impressions. *Journal of Personality and Social Psychology, 9*, 283-294.

Snyder, M., Tanke, E. D., & Berscheid, E. (1977). Social perception and Interpersonal Behavior: On the self-fulfilling nature of social stereotypes. *Journal of Personality and Social Psychology, 35*, 656-666.

Spencer, S. J., Steele, C. M., & Quinn, D. M. (1999). Stereotype threat and women's math performance. *Journal of Experimental Social Psychology, 35*, 4-28.

参考文献

エプリー, N. 波多野理彩子（訳）(2015).『人の心は読めるか？』早川書房

上瀬由美子 (2002).『ステレオタイプの社会心理学—偏見の解消に向けて（セレクション社会心理学21)』サイエンス社

唐沢かおり (2017).『なぜ心を読みすぎるのか—みきわめと対人関係の心理学』東京大学出版会

山本眞理子・原奈津子 (2006).『他者を知る—対人認知の心理学（セレクション社会心理学6)』サイエンス社

3 | 原因帰属と社会的推論

《**目標・ポイント**》 社会的推論とは，他者や自分，そしてそれを含む社会に関して私たちが行う推論の総称である。すでに取り上げた対人認知も，他者の内面にある感情や意図，パーソナリティ特性などを推測するという意味では，社会的推論の一部ということができる。ここでは，社会的推論のなかでも特に重要と考えられる原因帰属のプロセスと，私たちが社会的推論一般において，おかしやすいエラーやバイアスについて考えていく。

《**キーワード**》 原因帰属，基本的な帰属のエラー，誤帰属，社会的推論，ヒューリスティック，錯誤相関

1. 原因帰属とは何か

　現象の原因を何らかの要因に帰することを原因帰属もしくは単に帰属と言う。社会心理学においては，「どのような情報をもとにしてどのように原因を推論するのか」という帰属過程の研究が数多く行われてきた。人は身の回りに起こる現象や他者の行動に対して，頻繁に原因帰属を行っている。たとえば，いつもは優しい友人がその日に限ってとげとげしい態度をとっていれば，なぜだろうかとあれこれ思いを巡らせるだろうし，原因不明の病気が流行っていると聞かされれば，落ち着かない気分になるだろう。このように，私たちは身の回りで起きている様々な事象に対して「なぜ」と問いかけ，それに対する答えを得たときにその事象について理解をしたと感じ安堵する。ただし，その答えは正しいとは限

らない。

（1）原因帰属の理論

　原因帰属の重要性を指摘し，初めて理論的な考察を加えたのはフリッツ・ハイダーである。彼は，「素朴心理学」を重視する立場から，一般の人々が人間や社会をどう捉えているかを知り，それを科学的な用語に翻訳する必要があると考えていた。そこで，日常生活の中で人々が行っている原因帰属の法則化を試みた（Heider, 1958）。ここで彼が注目したのは，対人認知場面における原因帰属である。すなわち，他者の言動を観察したとき，それがその人の内的な属性によるものだと推論される条件を考察したのである。こうして始まった帰属研究は，その後，対応推論理論や共変モデルなどが登場するに至り，社会心理学の主要な領域として脚光を浴びるようになっていく。

(a)　対応推論理論

　対応推論理論（Jones & Davis, 1965）は，ハイダーによる初期の理論的考察を受け継ぐもので，対人認知場面での原因帰属についての理論である。この理論において中核となるのは，理論の名称にもなっている「対応」という概念である。他者の言動を観察したとき，観察者はそこから行為者の意図を推測し，さらにその背後にある安定的な内的属性を推測しようとする。たとえば，親切な行為から親切な性格を推論することがこれにあたる。このようにある行動とその行為者の内的属性と結びつける際，その結びつきの必然性の程度を示すのが「対応」である。具体的には，外的に強制された行為や役割期待に基づいてとられた行為などは対応性の低い行為であり，そのような行為は内的属性と結びつきにくいと考えられる。したがって，電車の中でお年寄りに席を譲るという行為は確かに親切な行為だが，たとえばそれが友人に促されてやったこ

と（外的制約）だったり，教師が生徒の前でやったこと（役割期待）だとわかった場合には，行為と内的属性との間の結びつきに必然性が伴わない，すなわち対応性が低いとみなされ，行為者の内的属性が親切であるとは判断されない。同じように，社会的規範に沿った望ましい行為（例：泣いている子どもを助ける）は，多くの人が進んで行う行為であるため，特定の個人との対応性が低いとみなされ，そのままポジティブな内的属性に結びつくことは少ない。反対に規範にそぐわない行為（例：子どもに暴力をふるう）は対応性が高いとみなされ，行為者のネガティブな内的属性に帰属される。このように対応推論理論では，「対応」という概念を用いることで，他者の言動の観察から内的属性の推論が生じる条件を整理した。

(b) 共変モデル

対応推論理論が対人認知場面の原因帰属に限定した理論であったのに対し，共変モデルは内的属性の推論に限らない，より一般的な因果推論の法則を説明するモデルとして提案された（Kelley, 1967）。このモデルでは，ある結果の原因はそれと共変する要因に帰属されるという共変原理が前提とされ，原因は行為の主体（人），行為の対象（実体），状況（時・様態）のいずれかに帰属されるとする。共変とは文字どおり共に変わるということであるが，より具体的には，「ある現象が起こるときはそれが存在し，起こらないときには存在しない」ということを意味する。

共変性に関わる情報には，合意性，弁別性，一貫性という3つの次元がある。合意性とは，「ある人のある対象に対する反応が他の人々と一致しているかどうか」を検討する次元である。また，弁別性とは「ある人のその反応は当該の対象に限って起こるのかどうか」を検討する次元，一貫性とは「ある人のある対象に対する反応はどのような状況でも変わ

らないかどうか」を検討する次元を指す。共変モデルによれば，私たち
は，これら3次元に相当する情報を得て，それぞれが結果と共変するか
を検討すれば，結果をもたらした原因を特定することができる。たとえ
ば，あなたの友人が今学期に受講しているある科目を面白いと絶賛し，
あなたにも受講するよう勧めてきたとする。その場合，あなたは，友人
がその科目を勧める原因を，その科目の面白さにあると考え，自分も受
講しようと思うだろうか。それとも，友人がその科目を勧めるのは，そ
の友人個人の性格や嗜好性によると考え，受講を思いとどまるだろうか。
もし前者であればあなたは原因を外的要因に求めたことになり，後者で
あれば，友人の内的要因に求めたことになる。

　このモデルによれば，行動の原因が内的要因に求められるのは，合意
性と弁別性は低いのに一貫性だけが高い場合である。あなたの友人以外
にはその科目が面白いとは言っておらず（合意性低），友人は他の多く
の科目についても同じように面白いと言っており（弁別性低），いつも
その科目は面白いと言っている（一貫性高）場合がこれにあたる。この
ような場合，友人の行動の原因は，「その友人がどのような科目でも楽
しめる人だから」とか，「自分の受講している科目を人に勧めることが
好きな人だから」などという友人自身の属性に求められることになる。
このような因果推論の過程は，データの総変動（総分散）を，各要因が
寄与する変動性に分割することで，それぞれの影響力を分析する分散分
析（ANOVA）の考え方に類似することから，分散分析（ANOVA）モ
デルと呼ばれることもある。

（2）原因帰属のあるべき姿と現実の姿

　前節で紹介した2つのモデルは，いずれも原因帰属に関する規範モデ
ルと考えられている。それは，これらのモデルが，私たちが実際に行っ

ている原因帰属の"ありのままの姿"を記述しているわけではなく，む
しろ"あるべき姿"を記述しているからである。

　なぜなら，これらのモデルで想定されている原因帰属を実行するには，
第一に，必要な情報がすべて手元に揃っていることが前提とされる。し
かし，現実生活の中で手に入れられる情報には限界がある。私たちが観
察できる出来事や他者の言動は大半がその場限りのものだったり，第三
者やメディアを通じて知る間接的な情報だったりするため，対応や共変
性を検討するには情報が少なすぎるのである。

　そして第2に，より重要なこととして，仮に十分な情報が揃っていた
としても，人間は常に合理的な因果推論をするわけではないということ
である。合理的な因果推論をするには，ありとあらゆる情報をひとつひ
とつ詳細に吟味することが求められる。しかし，それには多大な労力や
時間が必要であり，有限の情報処理能力しかもたない私たちには大きな
負担となる。そのため，たとえより緻密な因果推論が可能な場合でも，
人間は簡便な推論を選択する傾向にあるのである。たとえば，合意性情
報（ある人のある対象に対する反応が他の人々と一致しているかどうか）
は，たとえ関連する情報があったとしても，原因帰属の際に軽視されや
すいことが知られている。

2. 原因帰属に伴うエラーとバイアス

　合理的でない因果推論は，ときにエラーやバイアスを生じさせる。対
応推論理論や共変モデルのような規範モデルが提示されたことにより，
それに続く原因帰属研究では，私たちが日常生活の中で行っている原因
帰属は規範モデルとどのような点で異なり，どのようなエラーやバイア
スが生じがちなのか，またそのようなエラーやバイアスはどのような情

報処理過程に基づいているのかを明らかにしようとする試みが行われる
ようになった。

（1）基本的な帰属のエラー（対応バイアス）

　原因帰属において，もっともよく知られる誤り（エラー）に基本的な
帰属のエラー（もしくは対応バイアス）と呼ばれるものがある。これは，
他者の行動の原因を考える際，その行為者の内的属性（性格，態度など）
を重視しすぎる傾向のことである。この傾向があるために，実際には外
部環境が原因で生じた行動であっても，本人の性格や態度に原因がある
と推測されやすい。対応推論理論によれば，行為者の言動から，その内
容と対応した内的属性が推測されるのは，その言動が外的制約のない状
況でなされた場合に限られるはずである。しかし外的な圧力がかかって
いることが誰の目にも明らかな場合でさえ，人はその行動の原因を性格
や態度など，内的属性に帰属する傾向があることが示されている。

　ある実験（Jones & Harris, 1967）では，当時，キューバの政治的指
導者であったカストロに関するエッセイを実験参加者に読ませ，エッセ
イの書き手のカストロに対する態度を推測させた。エッセイにはカスト
ロを支持するものと支持しないものの2種類があったが，それぞれのエ
ッセイのうち半数は書き手が自由に立場を選択して執筆したもの，残り
の半数ははじめからどちらの立場のエッセイを書くかが決められた上で
執筆されたものと，実験参加者に伝えられた。したがって，対応推論理
論から推測すれば，後者の条件（はじめからどちらの立場のエッセイを
書くか決められた上で執筆された）では，エッセイに表明された立場と
書き手本人のカストロに対する態度とは対応性が低いと判断されるはず
である。しかし結果は，エッセイの内容を自由に選択できた条件だけで
なく，はじめから書く内容が決められていた条件においても，書き手は

エッセイの内容に沿う方向の態度を持っていると推測された。すなわち，カストロ支持のエッセイを書いた者は現実にカストロを支持しており，支持しないとするエッセイを書いた者は不支持の態度を持っているとみなされたのである（図3-1）。類似の例は日常生活の中でもよく観察される。たとえば，強面でいつも悪役ばかりを演じている俳優が，草の根のチャリティー活動をしていることを知ったときに驚いたり，クイズ番組の司会者をやっている人が賢そうに思えたりする場合がそうである。俳優は台本に沿って悪役を演じているにすぎないし，クイズの司会者は最初からクイズの答えを知っている。そのような事実はよくわかっているはずなのに，彼らの行為（ドラマの中で人を貶める，誤答した回答者に正答を告げる）を，彼らの内的要因（残酷な性格，高い知性）に帰属してしまうのである。このように，他者の行動の原因を考える際，私たちは行為者の内的要因を外的要因よりも重視するきらいがある。そして，このバイアスが基本的な帰属のエラーと呼ばれるのは，これが人間にとって本質的で普遍的な帰属の誤りだからである。これを命名したロスは，

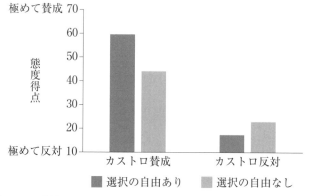

図3-1　帰属された態度（Jones & Davis（1967）より作成）

基本的な帰属のエラーは，社会心理学の根幹を成す概念だと主張している（Ross, 1977）。

　基本的な帰属のエラーが生じる背景には，様々な要因が考えられるが，その 1 つに行為者が状況に比べて目立ちやすいことが挙げられる。一般に知覚的に目立ちやすいものは，選択的な注意を受けやすく，重要な情報とみなされやすい。また他者の内的属性を知ることは，その人の将来の行動を予測することにつながり，類似した状況が起きた際に適切な対処がしやすいために，内的属性の帰属が偏重されるという考えもある。さらに他者の行動を観察した際にはまず内的属性の帰属が行われ，そのあとで状況要因を考慮した帰属が行われるという段階的な情報処理を仮定したモデルも提案されている（Gilbert, 1989）。この場合，第一段階の内的属性の帰属は情報処理の負荷が小さいのに対し，その後の段階はより負荷の大きい情報処理が求められるため，しばしば最初の段階で情報処理が終結してしまい，結果的に状況要因が考慮されないのだと考えられる。

（2）自己に関する原因帰属のバイアス

　基本的な帰属のエラーは，人間がおかしがちな普遍的な帰属の誤りだが，それはあくまでも行為者が他者であった場合である。そうではなく自分が行為者であった場合には，反対方向のバイアスが見られることが知られている。

　すなわち行為者が自分自身である場合，原因は自身の内的属性よりむしろ，状況や他者に帰属されがちである。同じ出来事に関する原因帰属が，行為者（この場合，自分）と観察者（他者）で異なることから，行為者—観察者バイアスと呼ばれている（Jones & Nisbett, 1971）。たとえば，電車の中で目の前に立っているお年寄りに席を譲らなかったとい

う状況を考えてみたとき，席を譲らなかったのが他者であった場合には，「冷たい人だ」，「モラルがない」などとその行為の原因を行為者の性格や態度，すなわち内的属性に帰属しがちである。しかし席を譲らなかったのが自分であった場合には，今日はいつも以上に仕事が大変だったとか，そのお年寄りは席を譲る必要がないほど元気そうだったなどと，原因を状況に帰属しやすい。

　ただしこの行為者―観察者バイアスにもさらに例外がある。たとえば，試験で良い成績をとるなど，成功とみなせるような行為については，自分自身の行為であっても内的属性（能力，努力）に帰属する傾向がある。一方，失敗は外的属性に帰属されやすく，試験で悪い成績をとったときには，問題が悪かった，教室が騒がしくて集中できなかったなどと考える。これは，自分自身を助けるためのバイアスという意味で，セルフ・サービング・バイアスと呼ばれている（Bradley, 1978）。セルフ・サービング・バイアスが生じるのは，動機的な理由によるところが大きい。すなわち，人は常に自尊感情を維持・高揚するように動機づけられているため（第6章参照），成功を能力や努力（内的属性），失敗を状況（外的属性）に帰属することで，それを達成しようとしているのだと考えられる。

　しかし，自己に関する帰属のエラーやバイアスがすべて動機に由来するわけではなく，行為者―観察者バイアスについては，認知的理由による説明のほうが有力視されている。それによると，行為者にとっては，自分自身よりも自分をとりまく周囲の状況のほうに注意が向きがちなのに対し，観察者にとっては，行為の主体の方が目立ちやすく注意が向きやすい。つまり，両者ともが自分にとって目につきやすいものに原因を帰属すると，必然的に行為者―観察者間でズレが生じてしまう。また行為者は，その行為に伴う感情や，行為の直接的な原因，自分自身の過去

の行動など，原因帰属に利用可能な情報を数多く保有しているが，観察者が保有する情報は相対的に少ないため，両者の原因帰属にズレが生じるとも考えられている。

（3）誤帰属

　自己の帰属に関するエラーは，行為者自身がそもそも自分の言動の源泉や内的状況の変化についてよく知らないために生じるのだという考えもある。私たちは自分のことは自分が一番よく知っていると思いがちだが，人間が内的な心理状態のすべてに常にアクセスできるわけではないことは多くの研究で実証されている。このためベムは，自己の心理状態を知ろうとするとき，内的手がかりが不明瞭な場合は，自己知覚は他者知覚に類似するという自己知覚理論を提唱している（Bem, 1972）。すなわち人間は，少なくとも部分的には，他者に対するのと同じように，自分自身の行動やそのときの周辺環境の観察から，自分自身の内的状態について推論をするというのである。実際，私たちが自分の行動や内的変化の原因を述べる際，その内容は現実の状態を反映しているというよりは，既存の知識や因果関係に関する暗黙の理論にもとづいたものを答えていることも多い（Nisbett & Wilson, 1977）。

　真の原因でない要因に誤って原因を帰属することを誤帰属と呼ぶ。これは，自己の内的状態に変化をもたらした原因がわからないにもかかわらず，もっともらしい原因を周辺環境から見いだしてしまうという私たちの推論傾向に由来している。たとえば，俗に「つり橋効果」と呼ばれる現象は，つり橋の上では，石橋のように完全に固定された橋の上に比べ，その場に居合わせた異性に対して，より好意を持ちやすい可能性を示している（Dutton & Aron, 1974）。通常，つり橋の上では，橋の揺れなどにより，心拍数があがるなどの生理的な喚起が生じる。一方で，魅

力的な異性にあった場合にも，同じような生理的喚起が生じることがある。そのために，つり橋の上で異性（特に魅力的な相手）に出会うと，もともとつり橋への恐怖によって生じた生理的な喚起であっても，それが目の前にいる異性への好意として誤って解釈される場合があるというのである。ただし，誤って帰属される原因はもっともらしいものでなくてはならないため，つり橋の上であれば，どのような異性に対しても好意を持つということではない。

　また別の誤帰属の例として，単純接触効果（Zajonc, 1968）を挙げることができる。多角形や未知の外国語の文字は，本来は中性的（ニュートラル）な刺激で，それに対して特に好きとか嫌いといった態度を持ちあわせるものではない。しかし繰り返し見せられると，その刺激に対する好意が増すことが知られている（第8章参照）。この単純接触効果については様々な説明が試みられているが，最近では知覚的流暢性の誤帰属によるという説が有力である（Bornstein, 1992）。同じ刺激を2回，3回と繰り返し見ると，初めて見たときに比べ，その刺激に対する知覚的な情報処理が簡略化され，それは主観的には処理が容易（流暢）だという感覚として経験される。しかし参加者には，同じ刺激を繰り返し見ているという自覚がないため，より手近な原因として，情報処理の流暢さを好意に帰属するのだと考えられている。

　なおこれらの誤帰属はいずれも，意図的・意識的に行われているものではなく，無意識のうちに行われるものである。その証拠に，真の原因に注意を向ける操作を行うと，誤帰属が消えたり，効果が弱まったりすることが知られている。

3. 社会的推論

（1）ヒューリスティック

　ここまで，原因帰属という視点から人が世界をどのように見ているか
を考えてきた。他者や自分，そしてそれを含む社会に関して私たちが行
う推論を総称して，社会的推論と呼ぶ。またこうした推論に基づく判断
を社会的判断という。この意味において，ここまで述べてきた原因帰属
や前章で解説した対人認知も社会的推論（もしくは社会的判断）の一部
だということができる。あらゆる社会的推論に共通していえるのは，他
者や社会について考えるとき，人間は入手可能な情報をすべて詳細に吟
味するわけでも，それをもとに合理的な推論や判断をするわけでもない
ということである。それとは反対に，確実に正答にたどりつける保証は
ないがだいたいはうまく物事を解決することができる方略や，直観的で
解決への道のりが早い方略を，私たちは好んで利用している。こうした
方略をヒューリスティックといい，特によく利用されるヒューリスティ
ックには，以下のものが挙げられる（Tversky & Kahneman, 1974）。

⒜　代表性ヒューリスティック

　代表性ヒューリスティックは，ある事例が特定のカテゴリーをよく代
表する典型的な事例と認識される場合，その事例が当該のカテゴリーに
属する可能性を高く推定する認知方略である。たとえば硬貨を 5 回投げ
たとき，「表裏表裏裏」と出る確率と，「表表表表表」と出る確率は実際
には同じであるが，後者のパターンが出る方が希有の事例であるように
感じる。これは前者の方が，一般の人が考えるランダム性の典型的な姿
に類似しているために，より起こりやすいパターンと判断されるからで
ある。

　同様のことは，人に関する判断にも生じる。たとえばリンダという女

性を紹介する際，「31歳の独身で，率直に意見を言う，非常に聡明な人である。学生時代は，哲学を専攻し，差別や社会正義の問題に深く関心を持って反核デモにも参加していた」と説明されたとしよう。このとき，彼女の現在の状況としてよりもっともらしいと感じられるのは，「銀行員である」と「フェミニストの銀行員である」のどちらだろうか。冷静に考えれば，彼女が「フェミニストの銀行員」である確率は，「銀行員」である確率と「フェミニスト」である確率の積で表されるので，「フェミニストの銀行員」である確率が「銀行員」である確率を上回ることはない。すなわち「銀行員」と答えるのが正解である。しかしこの問いに対して，多くの者が後者だと答えてしまう（リンダ問題）。これはリンダに関する上記の説明が，ただの「銀行員」であるよりも，「フェミニストの銀行員」というカテゴリーをより代表していると認識されるためである。

(b) 利用可能性ヒューリスティック

　利用可能性ヒューリスティックは，どれだけの実例をすぐに思い浮かべることができるかを基準として，その事柄の生起頻度を推定する認知方略である。たとえば，ｒから始まる英単語と3番目の文字がｒの英単語ではどちらのほうが多いかを尋ねると，多くの人は前者と答える。これはｒから始まる英単語は思い浮かびやすく，実例をいくつも挙げられるのに対し，3番目の文字がｒの英単語の実例を挙げるのは難しいからである。しかし，実際に数が多いのは3番目の文字がｒの英単語である。

　基本的な帰属のエラーや行為者─観察者バイアスが生じる一因として，推論の当事者から見て，目立ちやすい要因が原因として帰属されやすい傾向が挙げられるが，これも利用可能性ヒューリスティックによると考えることもできる。すなわち目立ちやすい要因は，因果推論をする際，想起されやすいために，原因である確率が高く見積もられるのであ

る。

(c)　係留と調整

　前もって与えられた値や，最初に直観的に推測した値を手がかりにしてまず判断を行い，その後，最終的な判断を下すために調整を行うという認知方略を係留と調整という。最初に設定した値は，それが何の根拠もない値であっても係留点（アンカー，すなわち船の錨）の役割を果たすため，その後の調整が不十分だと，最終判断は当初の値に引きずられる。たとえば，国連に加盟しているアフリカの国の数を1から100までの目盛がついたスケールで答える場合，当初の目盛が10に合わされていた参加者では解答の中央値が25カ国になったが，65に設定されていた参加者では中央値は45カ国となった。前者の条件では初期値が小さかったために最終的に出された解答もそれに引きずられて全般的に小さくなり，反対に初期値が大きかった条件では，解答が大きい方に引きずられたと考えられる。このヒューリスティックによって生じた効果は，アンカー効果と呼ばれることもある。

（2）　錯誤相関

　ステレオタイプ（第2章参照）が形成・維持されるメカニズムの1つとして，利用可能性ヒューリスティックによる錯誤相関（誤った関連づけともいう）が関与している可能性が指摘されている。

　錯誤相関とは，実際には関係性がまったくないか，わずかしかない二者間の関係性を過大に見積もることである（Chapman & Chapman, 1969）。たとえば，ある実験（Hamilton & Gifford, 1976）では，架空の集団Aと集団Bの成員の行動がひとつずつ，実験参加者に呈示された。集団Aの成員数は26人で，このうち18人は望ましい行動（例：集団Aに属するジョンは，病気の友人のお見舞いに行った）を，8人は望ましく

ない行動をしたことが説明文で示された。一方，集団Ｂの成員数は13人で，このうち９人については望ましい行動，４人は望ましくない行動をしたことが説明文で示された。したがって集団成員の数に差はあるが，望ましい行動と望ましくない行動の比率は２つの集団で同じであったわけである。ところが，実験参加者による各集団の印象は，集団Ｂより集団Ａのほうが良いものであった。また，望ましい行動と望ましくない行動の頻度を推定させると，集団Ａに対してはほぼ正確な頻度が推定されたが，集団Ｂでは望ましくない行動の頻度が過大視されていた。少数派集団と望ましくない行動はいずれも生起頻度が相対的に低く，そのため目立ちやすい。つまり目立ちやすい人と行動が組み合わさり，さらに注意をひくものとなったために，集団Ｂは望ましくない行動をする成員が多いという誤った関連づけが生じたのだと考えられる。日本に住む外国人などに否定的なステレオタイプが付与され，偏見が持たれやすい背景には，このような錯誤相関が関与していると考えられている。

学習課題

1. キーワードに挙げられていることばについて説明してみよう。
2. たとえば，ＡさんがＢさんと楽しそうに話をしている状況を考えてみよう。次のような情報があるとき，この事例をケリーの共変モデルにあてはめて考えると，合意性，弁別性，一貫性の次元の高低はどう評価できるだろうか。また，ＡさんがＢさんと楽しそうに話をしている原因は何に帰属できるだろうか。
   ① ＡさんはＢさんに限らず，誰とでも楽しく会話している様子がよく見かけられる。
   ② ＡさんはＢさんに対して，いつも同じように接している。
   ③ しかし，Ｂさんに対して，Ａさん以外の人が楽しそうに話をしている様子を見たことはない。
3. 近年，凶悪犯罪が増えているといった事実はないにもかかわらず，そのように感じる背景には，私たちが犯罪の発生件数を見積もる際に利

用可能性ヒューリスティックを用いているという可能性が指摘されて
いる。マスメディアによる報道と関連づけて考察してみよう。

引用文献

Bem, D. J. (1972). Self perception theory. In L. Berkowitz (Ed.), *Advances in experimental social psychology* (vol.6, pp. 1-62). NY: Academic Press.

Bornstein, R. F. (1992) Subliminal mere exposure effects. In R. F. Bornstein (Ed.), *Perception without awareness* (pp. 191-210). NY: Guilford Press.

Bradley, G. W. (1978). Self-serving biases in the attribution process: Are examination of the fact of fiction question. *Journal of Personality and Social Psychology, 36*, 56-71.

Chapman, L.J., & Chapman, J.P. (1969). Illusory correlation as an obstacle to the use of valid psychodiagnostic signs. *Journal of Abnormal Psychology, 74*, 271-280.

Dutton, D. G., & Aron, A. P. (1974). Some evidence for heightened sexual attraction under conditions of high anxiety. *Journal of Personality and Social Psychology, 30*, 510-517.

Gilbert, G. T. (1989). Thinking lightly about others: Automatic components of the social inference process. In J. S. Uleman & J. A. Bargh (Eds.), *Unintended thought* (pp.189-211). NY: Guilford press.

Hamilton, D. L., & Gifford, R. K. (1976). Illusory correlation in interpersonal perception: A cognitive basis of stereotypic judgments. *Journal of Experimental Social Psychology, 12*, 392-407.

Heider, F. (1958). *The psychology of interpersonal relations*. NY: Wiley.

Jones, E. E. & Davis, K. E. (1965). From acts to dispositions: The attribution process in person perception. In L. Berkowitz (Ed.), *Advances in Experimental Social Psychology* (vol.2, pp.220-226). NY: Academic Press.

Jones, E. E., & Harris, V. A. (1967). The attribution of attitudes. *Journal of Experimental Social Psychology, 3*, 1-24.

Jones, E. E., & Nisbett, R. E. (1971). *The actor and the observer: Divergent perceptions of the causes of behavior.* Morristown, NJ: General Learning Press.

Kelley, H. H. (1967). Attribution theory in social psychology. *Nebraska Symposium on Motivation, 15,* 192-238.

Nisbett, R. E., & Wilson, T. D. (1977). Telling more than we can know: Verbal reports on mental process. *Psychological Review, 84,* 231-259.

Ross, L. (1977). The intuitive psychologist and his shortcomings: Distortions in the attribution process. In L. Berkowitz (Ed.), *Advances in experimental social psychology* (vol.10, pp. 173-220). NY: Academic Press.

Tversky, A. & Kahneman, D. (1974). Decision making under uncertainty: Heuristics and biases. *Science, 185,* 1124-1131.

Zajonc, R. B. (1968). Attitudinal effects of mere exposure. *Journal of personality and social psychology* (*Monograph*), *9,* 1-27.

参考文献

蘭千壽・外山みどり（編）(1991).『帰属過程の心理学』ナカニシヤ出版

カーネマン, D. 村井章子（訳）(2012).『ファスト＆スロー—あなたの意思はどのように決まるか？（上・下）』早川書房

4 | 認知と感情

《**目標・ポイント**》 感情は長らくの間，認知と対立し妨害するものとして捉
えられてきた。しかし近年では，むしろ感情が認知とどのように相互作用す
るかに焦点を当てた研究が増えてきている。また感情は無益なものではなく，
むしろ人間に様々なシグナルを送り，生存を高める機能を持つものだという
考え方も一般的になってきた。本章では，感情の生起に関する主要な理論と，
認知との関わりについて概観し，そのうえで感情の働きや適応的価値につい
ても考察する。
《**キーワード**》 情動，気分，感情，情動二要因理論，気分一致効果，社会的
感情

1. 感情とは何か

（1）感情研究の興隆

「感情的になるな」「冷静に判断しろ」「情に溺れるな」という言葉か
らもわかるように，感情は長らくの間，合理的な思考を阻害したり，攪
乱したりするものとして厭われてきた。このような傾向は特に西洋哲学
に顕著で，そのため西洋哲学の流れを汲む心理学では，理性，あるいは
高次の心的機能である認知こそが人間と他の動物を区別するものであ
り，心理学が検討すべき"人間の心"だと考えてきた。しかし近年では，
このような風潮が見直され，むしろ積極的に，認知が感情に，あるいは

感情が認知に及ぼす影響が調べられるようになってきた。

（2）情動，気分，感情

　ひと言で感情といっても，そこには様々な形態のものがある。社会心理学のなかで取り上げられる感情は，主に「情動（emotion）」と「気分（mood）」の2つであり，これらを総称して「感情（affect）」と呼んでいる。このうち情動とは，怒り，恐怖，喜びなど，短期的ではあるが，より強度が強く，その感情を引き起こした原因が比較的明確なものを言う。生理的な変化を伴う場合も多い。対して気分とは，強度が弱いものの，比較的，長期にわたって持続する感情であり，何となく楽しいとか，何となく悲しいといった背景的感情を表す。

　認知との関連性で考えた場合，感情強度の強い情動は，それを経験した途端に意識の中心を占め，思考を中断させて行動を方向づける。これはのちに説明するように，情動が生体をとりまく環境の変化を知らせる機能を有しているからだと考えられる。他方，感情強度が弱い気分は，情動のように進行中の思考そのものを中断させるというよりは，むしろそれと相互作用するかたちで，私たちが行う様々な情報処理に影響を与える。

（3）感情の生起プロセス

　感情がいかにして生起するかについては，現代までに，以下のような様々な理論が提出されている。

⒜　感情の末梢起源説

　ウィリアム・ジェームズは，「われわれは泣くから悲しい，殴るから怒る，震えるから恐ろしい，ということであって，悲しいから泣き，怒るから殴り，恐ろしいから震えるのではない」という有名なことばを残

している（James, 1892）。ふつう私たちは，環境からの刺激によってまず悲しいといった感情経験が起こり，その結果として泣くといった身体反応が生じると考える。しかしジェームズによれば，環境刺激は，まず身体反応（泣く）を引き起こし，それが感情経験（悲しい）として知覚されるのだという（James, 1884）。これを感情の末梢起源説という。よく似た説が生理学者のランゲによってほぼ同時期に提出された（Lange, 1885）ことから，ジェームズ―ランゲ説と呼ばれることもある。

(b)　感情の中枢起源説

　キャノンは，感情の起源を視床と呼ばれる皮質下の領域に求める感情の中枢起源説を唱えた（彼の名前と，その考えを引き継ぎ発展させた弟子の名前を冠して，キャノン―バード説ともと呼ばれることもある）。この説によれば，視床は環境刺激が感情的性質を持つものかどうかを弁別する。そして感情的なものであれば大脳皮質に送り，それによって感情経験が生じる一方で，視床下部を経由して身体反応も引き起こすという。中枢起源説は，ジェームズらの末梢起源説に対する批判として提出された説だが（Cannon, 1927），意識を伴わない刺激の知覚が，不随意に身体反応を引き起こすという点では両者の主張は共通している。

(c)　情動二要因理論

　一方，シャクターとシンガーは（Schacter & Singer, 1962）は次のような実験を通して，感情経験には，生理的な喚起とその認知的な解釈（ラベルづけ）の 2 つが必要だとする情動二要因理論を展開している。

　この実験で参加者は，生理的喚起（心拍数の増加など）をもたらす作用がある薬剤（エピネフリン／アドレナリン）を注射された。ただしこのうち一部の参加者は，注射によって生理的な変化が生じるという情報を正しく知らされたが（情報あり群），別の参加者には知らされなかった（情報なし群）。そのため一部の参加者は，原因がわからないまま生

理的喚起を経験することになったわけである。その後，この参加者たち
に，どのような内的状態を経験しているか報告するよう求めたところ，
そこで報告された内的状態は，その場に同席した別の参加者（サクラ）
の様子に大きく影響されたものとなった。すなわち，薬剤の効果を知ら
されていない参加者では，同席した別の実験参加者（サクラ）が喜んで
いるかのように振る舞っている場合には自分も高揚感を経験していると
報告し，逆にサクラが怒っているかのように振る舞っている場合には怒
りを経験していると報告した。また参加者本人の主観的報告だけでなく，
第三者が観察，評価した行動もこのような主観的報告に一致したものだ
った（表4-1）。これは，薬剤の効果を知らされていない参加者が，内
的状態の変化（生理的喚起）の原因を，手近にあるもっともらしい手が
かりに誤って帰属したために，生じた現象だと解釈されている。

　感情の変化に伴う生理的な変化は，多くの感情に共通している。した
がって，生理的喚起が生じただけでは，それがどのような感情によって
生じたかがわからない。つまり，特定の感情が経験されるには，その生
理的変化の原因を何と考え，どのようにラベルづけをするかという認知
が必要だというのが，この理論の主張である。情動（感情）の経験には，
生理的喚起とその認知的な解釈の2つが不可欠という意味で，情動二要
因理論と呼ばれている。第3章で紹介した「つり橋効果」もこの情動二

表4-1　誤帰属された感情（Schacter & Singer, 1962）

	喜んでいるサクラ		怒っているサクラ	
	情報あり	情報なし	情報あり	情報なし
自己報告	0.98	1.78	1.91	1.39
行動指標	12.72	18.28	-0.18	2.28

注：自己報告は数値が大きいほど高揚感を感じていることを表す。行動指標は数値
　　が大きいほど，当該の感情に沿う方向の行動を示したことを表す。

要因理論によって説明が可能である。

⒟　顔面フィードバック理論

　顔面の表情筋は，環境刺激に対する反応が早く，また感情の種類に応じて分化をしているため，表情筋の変化が脳にフィードバックされることで，感情が経験されるという説もある。顔面フィードバック理論もしくは表情フィードバック理論と呼ばれている（Adelman & Zajonc, 1982）。

　この理論を支持する研究（Strack, Martin, & Stepper, 1988）では，実験参加者は，ペンを前歯もしくは唇でくわえるように求められた（図4-1）。このような不自然な動作をする目的について実験参加者は，肢体不自由者のように手以外のものを使って文字を書いたりすることを調べているのだと説明されたが，実際にはペンのくわえ方により表情の操作をするのが目的だった。やってみるとわかるが，ペンを前歯でくわえると口角が上がり笑ったような表情になる。笑いに関係した筋肉が使われるのである。一方，ペンを唇でくわえると眉間にしわがより，怒ったような表情になる。実験では，参加者はこの状態のまま漫画を見るよう求められた。その後，漫画の評価をさせたところ，ペンを前歯でくわえていた参加者は，唇でくわえていた参加者よりも漫画をより面白いと評価した。実験参加者はペンのくわえ方によって表情筋が操作されていることに気づいてなかったが，この操作によって作り出された表情の変化が参加者の感情経験に影響を与えたのだと考えられる。原因がわからないままに，楽しい，もしくは楽しくない感情を経験した実験参加者は，そのときに見ていた漫画という手近でもっともらしい原因に誤帰属をしたために，漫画が面白い，もしくはつまらないと評価したのだと考えられる。

図4-1　顔面フィードバックの操作（Strack, et al., 1988）
（右が笑い，左が怒りの表情のための操作）

2. 認知と感情の相互作用

（1）気分一致効果

　冒頭で触れたように，気分のような比較的強度の弱い感情は，様々な
かたちで認知と相互作用をし，情報処理過程に影響を及ぼす。そのなか
でも，特によく知られているのが気分一致効果と呼ばれる現象である。
これは，特定の気分が生じると，その気分の感情価（ポジティブ・ネガ
ティブ）に一致する情報処理が促進される現象のことである。

　たとえば，ある実験（Bower, Gillgan & Monteiro, 1981）では，催眠
によって実験参加者をポジティブまたはネガティブな気分に誘導した上
で，幸運な人物と不運な人物が登場する物語を読ませた。翌日，物語の
内容を再生するよう求めたところ，ポジティブな気分で物語を読んだ参
加者は幸運な人物のエピソードを数多く再生し，ネガティブな気分で物
語を読んだ参加者は不運な人物のエピソードを数多く再生した（全体の
再生量はどちらの気分の場合でも違いがなかった）。ポジティブな気分
の人はもっぱらポジティブな事柄に注意が向き，それが記銘されるのに
対し，ネガティブな気分の人は楽しい事柄があまり目に入らず，ネガテ
ィブな事柄が注目されるのだと考えられる。

　記憶における気分一致効果は，記銘の段階だけでなく，想起の段階に

も生じる。すなわち，楽しい（ポジティブな）気分のときにはポジティブな記憶が，悲しい（ネガティブな）気分のときにはネガティブな記憶が想起されやすい。催眠により実験参加者にポジティブもしくはネガティブな気分を導入した実験では，その状態で子どもの頃の記憶を想起させたところ，導入された気分と一致したエピソードを再生しやすいことが示された（Bower, 1981）。

　気分一致効果は，さらに社会的判断においても生じる。すなわち，ポジティブな気分の人は，人や事物に対し肯定的な判断をするのに対し，ネガティブな気分の人は否定的な判断をする傾向がある。たとえば，映画を見終わったばかりの人に政治に関する判断や将来への期待を答えてもらったところ，楽しい気分を喚起する映画を見た人は，攻撃的な映画や悲しい映画を見た人に比べ，よりポジティブで寛容で，楽観的な判断をしやすかった（Forgas & Moylan, 1987）。

（2）ポジティブ─ネガティブ非対称性（PNA）

　気分一致効果の研究が蓄積されるにつれ，ポジティブな気分での効果は頑健だが，ネガティブな気分の効果は安定しないという非対称性が見られることが明らかになってきた。たとえば，楽しい気分のときには楽しいことを思い出すが，悲しい気分のときには悲しいことを思い出すとは限らない。また楽しい気分のときには肯定的な判断をしがちだが，悲しい気分のときに否定的な判断をするとは限らないということである。このような感情価による効果の違いをポジティブ─ネガティブ非対称性（PNA：positive-negative asymmetry）という。

　気分一致効果に PNA が生じる背景には，気分を維持・改善しようとする動機があると考えられている（Clark & Isen, 1982）。すなわち，ポジティブな気分のときはその気分を保とうとする気分維持動機が，ネガ

ティブな気分のときにはそれを修復しよう（ポジティブなものに変えよう）という気分修復動機が働く。そのため，たとえば記憶を想起する課題をポジティブな気分で行うときには，その課題が気分維持動機に適うために気分一致効果が生じやすくなる。しかしネガティブな気分のときには，気分修復に動機づけられ，ネガティブなことを想起するのを抑制したり，むしろポジティブなことを想起したりすることに努力が払われるために，気分一致効果が生じにくくなる。

（3）気分と情報処理方略

　認知と感情の相互作用によって生じる現象は，気分一致効果だけではない。ポジティブな気分のときとネガティブな気分なときでは，私たちが外界から入手する情報の処理の仕方にも違いが生じる。したがって，PNA も少なくともその一部は，このような情報処理の相違の結果として，生じているのではないかと考えられている。

　シュワルツ（Schwarz, 2002）は，認知的チューニング仮説において，次のような主張を展開している。人にとってネガティブな気分というのは，何らかの脅威に直面していたり，良い結果を手に入れていない状態にあったりすることを意味する。それとは対照的に，ポジティブな気分のときは，良い結果を手に入れていたり，脅威にさらされたりしていない安全な状態である。すなわち，私たちが経験する気分は，自分を取り巻く周辺環境が自分にとってどのような状態にあるのかを反映しているのであり，ネガティブな気分は問題のある状況，ポジティブな気分は安全な状況であることのシグナルとしてとらえることができる。また，ふつう私たちは，問題のある状況に直面した場合，その状況を変えようとするが，そのためには，まずその問題がどのようなものなのかを注意深く調べる必要がある。したがって，ネガティブな気分のときには，認知

的な努力を要する分析的でシステマティックな情報処理方略がとられる。一方，特にこれといった問題がない状況においては，詳細にわたる分析は必要なく，いつものルーチンで状況を分析すればよい。そのため，ポジティブな気分のときには，認知的な努力を必要としない直観的でヒューリスティックな情報処理方略が採用される（第3章参照）。このように私たちが用いる情報処理方略は，気分の変化によって知らされる現下の環境からの要請に対して自動的に調整される（チューニングされる）というのが認知的チューニング仮説である。

　この仮説を支持する研究は様々な領域で見られている。たとえば，ポジティブな気分では既有知識を利用した対人認知が行われやすく，ステレオタイプが用いられやすいこと，認知的努力を必要としない社会的推論が起きやすく，基本的な帰属のエラーが起きやすいことが示されている（e.g., Bless, Schwarz, & Kemmelmeier, 1996; Forgas, 1998）。その一方で，ポジティブな気分のときにはユニークな発想が生まれたり，創造的な問題解決ができたりするという報告もある（Isen, 1987）。これも安全が約束されたポジティブな気分のときこそ，冒険的な思考が許されるのだと考えることができるだろう。

3. 感情の機能的価値

　さて感情は，私たちの社会生活において，どのような役割を果たしているのだろうか。冒頭でも述べたように，かつては，「感情は人間の合理的な思考を妨害する」という感情を有害視する考えが主流だったが，最近では，認知的チューニング仮説のように，感情のことを特別な機能を担う有用な心の働きとみる見方が強くなってきている。その背景には，進化心理学の興隆がある。進化心理学とは，進化論に基づいて，人の心

の働きが進化的適応の産物であるという認識に立った心理学のことである（Barkow, Cosmides, & Tooby, 1992）。

　進化論によれば，人間を含むあらゆる生物は，その生活環境に適応するように進化してきた。適応とは，生物がある環境のもとで繁殖や生存のために有利な特性を持っているということである。生存に有利な特性を持つ個体は生き延び，さらに子孫を増やすことによって，その特性を生み出す遺伝子を持った個体が拡散していく。したがって，もし現在の人類がこうした自然選択（自然淘汰ということもある）の末に生き延びた子孫なのだとすれば，人間の持つ心のしくみや働きも進化の賜物だと考えることができるだろう。最近は，このような観点から感情の適応的な価値が再考されている（e.g., Keltner & Gross, 1999）。なお，感情に適応的な価値を付与するという考えそのものは，進化論の生みの親であるチャールズ・ダーウィンにまで遡ることができる。ダーウィン（Darwin, 1872）は，『人および動物の表情について（原題：Facial expression of the emotion in man and animals)』という著書において，それまで当たり前のように信じられていた「人間の表情は人間に特有のものである」という主張に反論し，人間と動物の表情には類似性があること，またそこには進化的な連続性があることを主張した。ただしダーウィンは，人間の表情は，かつては有用であったものの，現在の人間にとっては必ずしも有用ではないと指摘している。

　一方，エクマン（Ekman, 1992）は，個体が生存する上で適応的価値が高い感情が，進化の過程の中で自然選択されてきたと考え，恐れ，怒り，悲しみ，喜びなどの基本感情によって生じる表情，生理的反応などは国や文化を問わず，普遍的だと主張する。

　我が国においては，これらの理論と同じ流れを汲むものとして戸田（1992）の提唱した感情アージ理論もよく知られている。戸田は，感情

は進化の過程で獲得した生存のための心的ソフトウェアだと主張している。アージ（urge）とは，人間を強く駆り立てる力のことで，このアージが存在することによって，人間は周辺環境の状況に応じた適応的な行動を選択することができる。たとえば，恐れは対抗不能な脅威が出現した状況で発動され，恐れが生起した人間はその脅威から逃れる行動をとろうとする衝動的な傾向を持つという（戸田，1994）。ただし，ここで仮定されている周辺環境とはかつて私たちの祖先が草原に住んでいた頃の野生環境（進化的適応環境という）で，現代の文明的な環境とは様相を異にしている。したがって，野生環境では合理性を持つ感情の機能が，現代の文明的な環境では非合理的な行動を導く場合があるとしている。

　一方，ダマシオ（Damasio, 1994）が提唱するソマティック・マーカー仮説では，感情は，現代においても，適切な判断や意志決定を導くものである。ただし，ここでいう感情とは身体感覚を伴う一種の直感（gut feeling）であり，情動や気分とは少々異なる。私たちは日常生活の中で様々な判断や選択に迫られるが，ダマシオによれば，その際に悪い結果が予見されると，合理的な推論に先立って直感的な警告信号が発せられる。これがソマティック・マーカー（身体標識）である。私たちはソマティック・マーカーを持つことにより，多数の行動の選択肢の中からネガティブなものをふるい落とし，より望ましい選択ができると考えられている。

　最近では，罪悪感や羞恥心といった他者との人間関係の中で生じる社会的感情の機能に関する研究も盛んに行われている。これまで説明してきた理論では，感情はそれを経験している者に，主に物理的環境の状況を知らせる機能を持つものとしてとらえられていた。それに対し，社会的感情は，社会的・心理的環境の中で自らがおかれた状況について知ら

66

せる機能を持つという点で異なっている。たとえば，罪悪感と羞恥心は
いずれも他者に迷惑をかける，規範を逸脱する，人前で失態をさらすな
どの社会的苦境場面で見られる感情であり，これらの感情が生起するこ
とにより，社会や集団への適応が危ういというシグナルとして働く。こ
のことから，これらの感情は反社会的行動（第9章参照）を抑制する道
徳感情ということもできる。ただし，羞恥心が回避や防衛のような消極
的行動を動機づけ，しばしばネガティブな結果をもたらすのに対し，罪
悪感は告白，謝罪，補償など関係修復や事態の回復を試みる行動を動機
づけ，適応的な帰結をもたらすとされている（Tangney, 1995）。

　人間は他の動物に比べ，多くの感情を有している。これは，他者と関
わり，社会生活を営んでいくためには，そうした感情が必要だったから
だろう。こうした観点から，最近では，人間が社会生活を営む中で徐々
に獲得していくさらに複雑な感情（例えばシャーデンフロイデ）につい
て，その適応的な価値を検討する研究が進んでいる。

 1. キーワードに挙げられていることばについて説明してみよう。
　　　　　2. 前章で紹介した「つり橋効果」について調べ，情動二要因理論で説明
　　　　　　してみよう。さらにそれを踏まえ，どのようなときにつり橋効果は起
　　　　　　きやすい（起きにくい）と予測できるか考察してみよう。
　　　　　3. 気分一致効果に相当するような経験がないか，考えてみよう。

引用文献

Adelman, P. K., & Zajonc, R. B.（1989）. Facial efference and the experience of emotion. *Annual Review of Psychology, 40*, 249-280.
Barkow, J. Cosmides, L. & Tooby, J.（1992）. *Adapted mind: Evolutionary psychology and the generation of culture*. Oxford: Oxford University Press.
Bless, H., Schwarz, N., & Kemmelmeier, M.（1996）. Mood and stereotyping: The

impact of moods on the use of general knowledge structures. *European Review of Social Psychology, 7,* 63-93.

Bower, G. H. (1981). Mood and memory. *American Psychologist, 36,* 129-148.

Bower, G. H., Gilligan, S. G., & Monteiro, K. P. (1981). Selective learning caused by affective states. *Journal of Experimental Psychology: General, 110,* 451-473.

Cannon, W. B. (1927). The James-Lange theory of emotions: A critical examination and an alternative theory. *The American Journal of Psychology, 39,* 106-124.

Clark, M. S. & Isen, A. M. (1982). Toward understanding the relationship between feeling states and social behavior. In A.H. Hastorf and A.M. Isen (Eds.), *Cognitive social psychology* (pp.76-108). NY: Elsevier.

Damasio, A. R. (1994). *Descartes' error: Emotion, reason, and the human brain.* NY: grosset/Putman.

Darwin, C. (1872). *The expression of the emotion in man and animals.* University of Chicago Press.

Ekman, P. (1992). An argument for basic emotions. *Cognition and Emotion, 6,* 169-200.

Forgas, J. P. (1998). On being happy and mistaken: Mood effects on the fundamental attribution error. *Journal of Personality and Social Psychology, 75,* 318-331.

Forgas, J. P., & Moylan, S. (1987). After the movies: Transient mood and social judgments. *Personality and Social Psychology Bulletin, 13,* 467-477.

Isen, A. M. (1987). Positive affect, cognitive processes and social behavior. In L. Berkowitz (Ed.), *Advances in experimental social psychology* (vol.20, pp.203-253.). NY: Academic Press.

James, W. (1884). What is an emotion? *Mind, 9,* 188-205.

James, W. (1892). *Psychology: Briefer Course.* NY: H. Holt & Co.

Keltner, D., & Gross, J. J. (1999). Functional accounts of emotion. *Cognition and Emotion, 13,* 467-480.

Lange, C. G. (1885). *Om sindsbevaegelser: et psyko-fysiologisk studie.* Kjbenhavn: Jacob Lunds. (Reprinted in The emotions, C. G. Lange and W. James (Eds.), I. A. Haupt (trans.) Baltimore, Williams & Wilkins Company 1922).

Schacter, S., & Singer, J. E. (1962). Cognitive, social, and physiological determinants of emotional state. *Psychological Review, 69*, 379-399.

Schwarz, N. (2002). Situated cognition and the wisdom of feelings: Cognitive tuning. In L. Feldman Barrett & P. Salovey (Eds.), *The wisdom in feelings* (pp.144-166). NY: Guilford.

Strack, F., Martin, L. & Stepper, S. (1988). Inhibiting and facilitating conditions of the human smile: A nonobtrusive test of the facial feedback hypothesis. *Journal of Personality and Social Psychology, 54*, 768-777.

Tangney, J. P. (1995). Shame and guilt in interpersonal relationship. In J. P. Tangney, & K. W. Fischer (Eds.), *Self-Conscious Emotions: Shame, Guilt, Embarrassment, and Pride* (pp.114-139). NY: Guilford Press.

戸田正直 (1992). 人を動かしている適応プログラム　東京大学出版会

参考文献

北村英哉・大坪庸介 (2012). 『進化と感情から解き明かす社会心理学』有斐閣アルマ

村田光二 (編)『社会と感情 (現代の認知心理学6)』北大路書房

菅原健介 (1998). 『人はなぜ恥ずかしがるのか――羞恥と自己イメージの社会心理学 (セレクション社会心理学19)』サイエンス社

5 | 態度と説得

《目標・ポイント》 世論調査や街頭インタビューなど，私たちは日常生活の
なかで，様々なかたちで，態度を表明することが求められる。態度とは，人
や事物，事象に対する好き—嫌い，良い—悪い，近づきたい—遠ざかりたい
などの評価反応であり，身の回りの多くのものに対して，私たちは何らかの
態度を持っている。本章では態度の構造や機能，説得に基づく態度変容，行
動との一貫性など態度にまつわる理論を概観していく。
《キーワード》 態度，バランス理論，認知的不協和理論，説得，精緻化見込
みモデル，態度と行動の一貫性

1. 態度とは何か

(1) 態度の定義

「態度」ということばは，日常生活の中でもよく使われる。しかし，
日常的には，「落ち着いた態度を見せる」とか，「慎重な態度を示す」な
ど，「物事に対したときに感じたり考えたりしたことが，言葉・表情・
動作などに現れたもの」や「事に臨むときの構え方。その立場などに基
づく心構えや身構え」といった意味で使われているのに対して，社会心
理学では主に，ある特定の対象または状況に対する行動の準備状態とし
て態度をとらえている。

よく知られるゴードン・オルポート（Allport, G. W., 1935）の定義に
よれば，態度とは「関連するすべての対象や状況への個人の反応に対し

て，直接的あるいは力動的な影響を及ぼす，経験を通じて体制化された
精神的および神経的準備状態（レディネス）」のことである。すなわち，
態度とは，精神，身体の両側面における行動の準備状態を指し，これが
特定の対象や状況への行動に直接的な影響を及ぼすと考えられている。

（2） 態度の3成分

　態度は感情，認知，行動の3つの成分からなると考えられている。感
情成分とは対象への感情的反応のことで，端的にいえば，それが好きか
嫌いかということである。対象が政治家であれ，流行のファッションで
あれ，あるいは，自由，平等といった抽象概念であれ，私たちは好き—
嫌いの感情を抱く。実際，私たちの身の回りにあるほとんどすべてのも
のが，程度の差はあっても，好き—嫌いの感情を即座に引き出すと考え
られている（Fazio, Sanbonmatsu, Powell, & Karde, 1986）。

　次に認知成分とは，良い—悪い，賛成—反対，望ましい—望ましくな
いなど，評価に関わる知識や信念，考え，記憶などを指す。たとえば，
ひいきにしている野球チームへの態度には，そのチームの長所，短所の
ほか，各選手の投打の記録，あるいは素晴らしい勝利をおさめた試合の
記憶なども含まれているだろう。

　最後に行動成分は，接近—回避，受容—拒絶といった，外部からも観
察可能な反応を指す。特定の態度が刺激されたり，心に浮かんだりする
と，それに沿った行動が表出されやすくなる（Bargh, Chen, &
Burrows, 1996）。たとえば，ある対象に肯定的な態度を持っていれば，
その対象に接近しようとし，否定的な態度を持っていれば回避しようと
するだろう。態度は，社会心理学において古い歴史を持つ研究トピック
である。それはある人の態度を知れば，その人の将来の行動が予測でき
ると考えられたためである。しかし後述するように，態度による行動の

予測力は必ずしも高くない。

（3）態度の機能

　態度は，私たちが社会生活を営む上で，次のような機能を果たしている（Katz, 1960）。

(a)　功利機能

　態度は，私たちが接近すべき対象と回避すべき対象を知らせてくれる。接近すべき対象とは報酬や快などの利益を与えてくれる対象であり，回避すべき対象とは罰や苦痛などの損失をもたらす対象である。こうした功利機能により私たちは，利益を最大化し，損失を最小化することができる。

(b)　自我防衛機能

　態度には，望ましくない現実から自我を守る自我防衛機能がある。自分の中にあるネガティブな属性や衝動に気づかせないようにしたり，私たちが大事にしている信念や願望に反する現実に目を向けさせないようにする機能である。

(c)　価値表出機能

　態度には価値表出機能もある。これにより，私たちは自らが大事にしている価値観を表出するが，ふつう価値観を表出する場は，それを支持，強化してくれる集団である。私たちは，少なくとも部分的には自らの態度を表明するために集団に所属し，集団成員に態度を承認してもらうことによって，自己概念の妥当性を確認し，自尊感情を高める（第6章参照）。

(d)　知識機能

　態度には，複雑に入り組んだ周辺世界に関する情報を整理，体制化することで，世界の理解を容易にしてくれるという知識機能もある。こう

した機能があることで，私たちを取り巻く多様で複雑な情報の中から何に注意を向け，何を記憶すべきかなどを知ることができる。しかし誘導的な機能は，私たちの情報処理を効果的にしてくれる一方，しばしばバイアスのかかった認知を促進する。

（4）認知的斉合性理論

　私たちが様々な対象に抱く態度は比較的安定しているが，ときには態度が変容することがある。その大きな引き金となるのが，態度要素間の矛盾である。人は自らが持つ態度要素のなかに一貫性をもたせようとする性質があり，要素間の均衡を保ったり，協和を目指したりするために認知を変容させる。このような前提に立つ態度理論を認知的斉合性理論という。これは多くの理論の総称であり，代表的なものにバランス理論と認知的不協和理論がある。

(a)　バランス理論

　バランス理論は，ハイダー（Heider, 1958）によって提唱された理論で，ある人（P）がある対象（X）に対して抱く態度は，本人と対象，およびその対象に関連する他者（O）の三者間の関係に依存すると考える（図5-1）。関係性には，好き，嫌いといった情緒関係と，所有，所属などのユニット関係の2種類があり，好きや所有・所属はプラスの関係（＋），嫌いや非所有・非所属はマイナスの関係（－）として記述される。そしてこの三者の関係が，均衡状態にあれば安定するが，不均衡状態にある場合には，それを解消する方向に変化が生じるとされる。ハイダーによれば，均衡状態とは，三者のそれぞれの関係性を表す記号（＋，－）を掛け合わせたときプラスになる状態であり，不均衡状態とはマイナスになる状態である。

　たとえば，「坊主憎けりゃ袈裟まで憎い」ということわざがあるが，

均衡状態

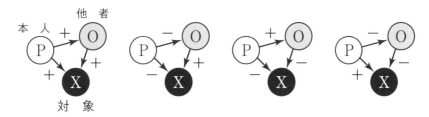

不均衡状態

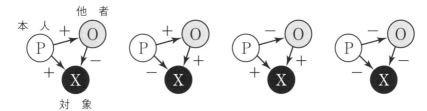

図5-1　バランス理論における均衡・不均衡の状態（Heider, 1958）

　これをバランス理論にあてはめると，私（P）は坊主（O）を憎いと思っているので，P－Oの関係性はマイナスである。一方，袈裟（X）は坊主（O）の所有物のため，O－Xの関係性はプラスとなる。このとき，もし私（P）が袈裟（X）に対して好意を持っているとP－Xの関係性はプラスとなり，3つの関係性を示す記号を掛け合わせるとマイナスになってしまう（図5-1　下段の右から2つ目の状態）。したがって，この状態は不均衡であるため，私が袈裟を嫌いになることで（すなわち，P－Xの関係性がマイナスになることで）均衡状態を保とうとするわけである（上段左から2つ目の状態）。反対に，私（P）に片思いの相手（O）がいる場合（P－Oの関係性はプラス），その相手（O）の趣味や

好きな音楽（X）は，当初はそれほど好きではなかったとしても，（O－Xの関係性はプラスであるために）徐々に自分も好きになる（P－Xの関係性をプラスにする）ことで均衡状態が保たれる（上段の1番左の状態）。このようにバランス理論は，非常に単純な図式化によって，私たちの態度がどのように決定されるかを説明している。またこの理論は，通常，人（P）と対象（X）との二者関係でとられがちの態度に，第三者（O）の存在が関与する可能性を指摘した点でも興味深い。

(b) 認知的不協和理論

　レオン・フェスティンガー（Festinger, 1957）が提唱した認知的不協和理論も代表的な認知的斉合性理論である。この理論では，自分や自分を取り巻く環境についての認知（知識，意見，信念）の間に矛盾や食い違いがあったり，一方の認知が他方の認知から帰結しなかったりする場合，それらは認知的に不協和な関係にあると考える。このような不協和な関係は，不快感情を生み出すため，不協和を低減させる方向に人を動機づける。

　不協和を低減する方法には様々なものがある。それを具体的に理解するために，ヘビースモーカーの例を考えてみよう。ヘビースモーカーは日々の生活の中で，たびたび「タバコは健康を害する」という情報にであう。そんなとき彼らは，自分自身の行動の認知（自分は毎日，数多くのタバコを吸っている）と，その行動に関する認知（タバコは健康を害する）の間に不協和（矛盾）を経験することになる（"なぜ私は自らに病気をもたらすかもしれないタバコを自分の意思で吸っているのか"）。そのような状態は非常に不快であるので，不協和を解消する試みがなされる。第一に考えられるのは，行動そのものを変え，認知間の関係性が協和的になるようにすることである。禁煙をし，タバコを吸うこと自体を止めてしまえば，行動の認知（自分はタバコを吸わない）は「タバコ

は健康を害する」という認知と何ら矛盾がないものになるだろう。もっとも行動それ自体を変えることは難しいし，すでにやってしまったことを帳消しにすることもできない（これまでに大量のタバコを吸ってきた人にとっては，いまさら禁煙しても意味がないと認識されるかもしれない）。そのような場合，第二の方法として，もう一方の認知のほうを変えることがある。たとえば，「タバコが健康を害するというのは一種の迷信で，十分な科学的根拠に基づいた事実ではない」と信じることでも，認知間の不協和はある程度解消される。あるいは既存の認知間で不協和の解消が十分にできない場合には，新たに協和的な関係になるような別の認知を追加することで，相対的に不協和を低減させることもある。たとえば「タバコは肺がんを引き起こすリスクを増加させるかもしれないが，それ以上にストレス解消の効果があり，全体としてはメリットが多い」と考えれば，この新たな認知とタバコを吸うという行動の認知との間の協和関係によって，当初あった不協和を吸収してしまうことができるだろう。また中には，「タバコが健康を害する」といった認知的不協和をもたらす情報を何とか忘れようとしたり，そもそも不協和が生じないよう，日頃からこうした情報に触れないようにしたりする場合もあるだろう。テレビでタバコと健康との関係を特集した番組が始まったら，すぐさまチャンネルを変えてしまうといった具合である。

　ここで重要なのは，当人の主観において矛盾が解決されれば，たとえ客観的な事実としては問題が解決されていなくても，不協和は低減するということである。フェスティンガーらは，世界の破滅を予言したカルト教団に潜入し，教祖の予言がはずれたときの信者たちの振舞いを観察，報告している（Festinger, Riecken, & Schachter, 1956)。それによると，熱心な信者ほど，教祖や教団に対する信念はむしろ強固なものになり，布教活動が活発化するという不合理な行動が見られている。

2. 説得的コミュニケーション

（1） 精緻化見込みモデル

　態度は，外部からの働きかけによって変容することもある。受け手の態度や行動を変えるため，言語的・非言語的コミュニケーション（第9章参照）を通じて送り手が意図的に働きかける社会的行為は説得もしくは説得的コミュニケーションと呼ばれている（今井，2006）。したがって，視聴者を特定の商品を好むように導いたり，購買行動へと誘導したりしようとする商品広告（コマーシャル）も説得に含まれる。

　説得を考える上で，よく参照されるモデルに精緻化見込みモデル（ELM：Elaboration Likelihood Model; Petty & Cacioppo, 1986）がある。精緻化とは，説得の受け手が，送り手から発せられた説得メッセージをどの程度よく考えるのか（メッセージの検討にどの程度の労力を割くか）ということであり，その程度がいくつかの条件によって変わることがモデル化されている。図5-2に示すように，このモデルでは説得へと至る過程に精緻化の度合いによる2つのルートが想定されている。

　1つは中心ルートで，このルートでは人々は説得メッセージの内容について注意深く，じっくりと考える。メッセージに含まれる議論の論理性や説得力に注目するとともに，取り上げられている事実や証拠にも目を向け，関連する経験や記憶があれば想起する。中心ルートでは，このような精緻化によって説得が起きるか（態度や行動が変容するか）否かが決まる。したがって，広告の場合，その広告の中で紹介されている商品の特長に関する説明に最も注意が割かれ，検討されることになる。

　もう1つの周辺ルートでは，中心ルートとは対照的に，メッセージの内容とは関係がない表面的な特徴が注目される。たとえば，メッセージがどれくらい長いかとか，メッセージの送り手（広告モデルなど）が魅

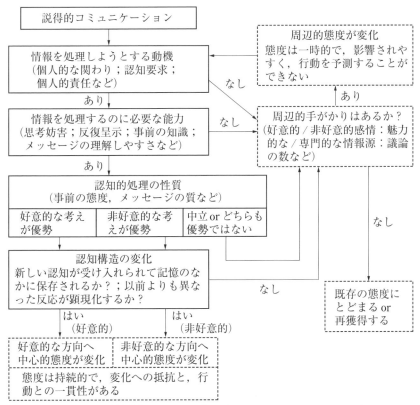

図 5 - 2　　精緻化見込みモデル（Petty & Cacioppo, 1986）

力的かどうかといった本質的ではない手がかりが注目される。

　中心ルートと周辺ルートのいずれの過程をたどるかは，説得の受け手にまつわる 2 つの要因によって規定される。1 つは，説得メッセージに時間や労力を注ごうとする動機づけであり，いま 1 つはメッセージを処理する能力である。たとえば，態度変容を迫られる対象がその人と個人的な関わりが深いものである場合や，説得の受け手がもともと深く考え

ることが好きな人である場合（認知欲求が高い場合）には，受け手の動機づけは高くなる。しかし動機づけが高くても，それだけで中心ルートを経由するわけではない。疲労や騒音などによって思考が妨害されたり，メッセージの内容が不明瞭だったり，事前の知識がなく，理解しづらかったりする場合などは，深く考えることを妨げられるために中心ルートは経由されない。広告を視聴している時に話しかけられてじっくりと広告を見ることができなかったり，自分が不得手な分野の商品の広告を見たりする場合をイメージすればよいだろう。

　つまり，中心ルートが経由されるのは，説得の受け手に動機づけと処理能力の両者がある場合（これを精緻化見込みがある場合という）に限られる。そして精緻化見込みがある場合，事前の態度，メッセージの質に応じて認知構造の変化が生じ，態度の変容が起こる。ただし態度変容の方向は，説得の内容と同方向，すなわち説得を受け入れる方向とは限らず，メッセージの送り手の意図とは逆方向の態度変容が生じることもある。しかし態度変容がどのような方向に生じようとも，中心ルートを通じて生じた態度変容は持続的で，それを覆すのは容易ではない。また行動にも一貫性が見られる傾向がある。

（2）　説得の規程因

　説得によって態度変容が生じるか否かは，誰が，どのような内容の説得を，誰を相手にするのかによって左右される。すなわち，効果的な説得には，(a)説得メッセージの内容，(b)送り手（メッセージの発信者），(c)受け手（メッセージの受信者）の3つの要因が関係する。

(a)　メッセージの要因

　説得メッセージの内容は，説得過程においてもっとも本質的な要因である。強力な論拠が示されているなど，議論の質が高い説得メッセージ

は態度変容を引き起こしやすく，反対に論拠が弱いメッセージの説得効果は低い。ただし精緻化見込みモデルからも予測されるように，議論の質が高い説得メッセージが態度変容を引き起こすためには，そのメッセージを理解できるだけの能力が必要である。実際，受け手の知識水準が高い場合に限り，論拠の強弱が説得効果を左右することを示す研究もある（Wood, Kallgeren, Preisler, 1985）。一方で，メッセージの反復は説得効果を高めることも明らかにされている（Wilson & Miller, 1968）。同じメッセージが繰り返されることによって，次第に内容の理解が進むためだと考えられている。その他，メッセージの内容については，説得をする側の立場だけを述べる一面呈示よりも，反対の立場にも言及する両面呈示が有効であることや，恐怖や不安を煽るような内容のメッセージを受け手に与える（恐怖アピールという）ことで，それに対する対処行動を受け入れるように仕向ける手法も，ある程度，有効なことが示されている。

⒝ 送り手の要因

　説得メッセージの送り手がどのような人であるかは，本来，説得メッセージの内容とは関係がない。ところが現実には，同じ内容のメッセージでも，それが誰から伝えられるかによって，態度変容が起きるか否かが左右されることが明らかにされている。

　態度変容に影響する送り手の特徴として，しばしば取り上げられるのは，送り手の信憑性（credibility）である。信憑性はさらに専門性（expertise）と信頼性（trustworthiness）に分けられる。専門性とは，送り手がその説得メッセージに関する専門的な知識や技能を持っていると思われるか否かということである。具体的には，送り手の学歴，職業，経験の度合い，話し方などが専門性の程度を決定する。一方，信頼性は，送り手がどの程度，自分の知っていることを誠実に伝えようとしている

かということである。送り手自身の利益のためではなく，説得メッセージの受け手のために説得をしていると思われる場合，態度変容の可能性は高まる。

　専門性にせよ，信頼性にせよ，信憑性が高いほうが，説得効果が大きいことは当然であるが，信憑性は必ずしも説得メッセージの質と連動しない。つまり送り手の信憑性は，説得メッセージの周辺的な手がかりであるので，説得メッセージが中心ルートで処理されている場合（たとえば，説得の内容が自分にとって重要なものである場合など）には，信憑性の影響は大きくない。

　他方，信憑性が高くない説得メッセージであっても，時間が経過することによって，説得の効果が増すこともある（Hovland & Weiss, 1951）。これをスリーパー効果と呼ぶ。スリーパー効果が生じるのは，時間が経過するにつれて，説得メッセージの発信源（送り手）とメッセージの内容とが分離するためだと考えられている。発信源（誰がそのメッセージを発したか）に関する記憶は，メッセージの内容についての記憶に比べ，忘却されやすく，結果として説得メッセージのみがひとり歩きすることになる。その結果，信憑性が疑わしい情報であっても，態度変容を引き起こす場合がある。

(c)　受け手の要因

　受け手の要因で特に重要なのは，態度対象との関連性である。既述のように精緻化見込みモデルでは，態度対象がその人に対して重要であったり，関連が深いものであったりする場合には，人はメッセージの内容を入念に吟味して，慎重に態度を決定しやすい（中心ルート）。反対に，態度対象が受け手にとってあまり重要でなければ，周辺手がかりを利用した態度変容が生じやすい（周辺ルート）。また，受け手の認知欲求も重要な要因である。認知欲求とは，人が認知的に負担のかかる活動に進

んで従事する傾向のことで（Cacioppo & Petty, 1982）。たとえば，あまり考えなくてもよい課題より，かなり頭を使う困難な課題のほうが好きだったり，新しい考え方を学ぶことが好きだったりする人は認知欲求が高いと考えられる。認知欲求の高い人は中心ルートを経由する傾向があるのに対し，認知欲求の低い人は周辺ルートを経由しやすい。

　さらに前章で説明したように，ポジティブな感情状態にある受け手は簡便で直観的な情報処理方略を選択し，ネガティブな感情状態にある受け手はより綿密で分析的な情報処理方略をとりやすいため，ポジティブムードの受け手は周辺ルートを辿りやすく，ネガティブムードの受け手は中心ルートを辿りやすいことが明らかにされている（Schwarz, Bless, & Bohner, 1991）。

（3）　説得の技法

　ここまで説得に関わる要因を理論的に説明してきたが，私たちが日々生活する現実の世界では，セールスマンや，募金の勧誘者，広告主など，説得コミュニケーションに関わる人々が，自らの経験に基づいて独自の説得技法を開発している。ロバート・チャルディーニ（Cialdini, 2009）は，それを明らかにすべく，こうした世界に自ら飛び込み，3年にわたる参与観察から，以下の6つの原理を導き出している。これらはいずれも，精緻化見込みモデルにおける周辺手がかりととらえることができ，精緻化見込みが少ない場合（すなわち周辺ルートを辿る場合）に強い影響力を発揮する。

(a)　好意

　私たちは好意を持った人からの説得を受け入れやすい。好意を持ちやすくなる要因には様々なものがあるが，その1つが身体的魅力の高さである（第8章参照）。広告に身体的魅力の高い人が登場し消費を勧める

ことで，商品自体に対しても好意的な態度が持たれやすくなる。新車発表の際に自動車の脇に立つ美しいモデルや，商品のイメージモデルとして起用される人気タレントは，好意による説得の効果を狙ったものと考えられる。

(b) 権威

　私たちは権威者や専門家の説得を受け入れやすい。そのために歯磨き粉や歯ブラシの広告では，歯医者が推奨していることをアピールしたり，アカデミックな研究によって，その効果が実証済みであることを示したりする。本物の専門家でなくても，白衣を着るなどして，専門家らしく見せるだけでも効果があると言われている。

(c) 社会的証明

　私たちは他者の行動を基準にして，自分の行動の正しさや的確さを判断する傾向がある。そのために，多くの人が買っているとか，誰もが使っているといった広告は消費者に対して訴求力を持つ。

(d) 希少性

　人は希少性の高いものに魅力を感じやすい。限定数が示されていたり，残りわずかだという文句は，商品の価値を実際以上に高いものに見せる。

(e) 返報性（互恵性）

　私たちは，人に何か良いことをしてもらったら，それに対してお返しをしなくてはならないと思いやすい。試供品や試食は，消費者にある種の恩を売ることで，購買行動を引き起こそうとするものである。

(f) コミットメントと一貫性

　いったん何らかの決断をして，それを他者に表明したり，実際に行動に移したりすると，それと一貫した行動をとらなければならないと思うようになる。たとえば一度，あるブランドの商品を購入すると，その後

も熱心なユーザーになったりする。

（4）　態度変容への抵抗

　ここまで説得による態度変容の過程について見てきた。しかしその一方で態度はどちらかといえば安定的であり，容易には変化するものではないことも知られている。このような態度の頑健性には，以下のような現象が関係している。

(a)　認知バイアス

　態度が容易に変容しないもっとも大きな理由は，人は既存の態度を確証する情報に，注意を選択的に向ける傾向があるからである（確証バイアス，第 2 章参照）。私たちは，自分の態度を支持するような情報には耳を向ける一方で，自分の態度と矛盾する情報には耳を貸さないし，いったん入手した情報についても，自分の態度を支持する情報は好意的に評価するが，自分の態度と矛盾する情報には批判的な評価をしやすい。

　ロードらが行った実験（Lord, Ross, & Lepper, 1979）では，死刑制度擁護派と反対派の人々に 2 つの研究結果を読んでもらい，死刑制度の犯罪抑止力について答えてもらった。提示された 2 つの研究のうち 1 つは抑止力があることを示唆する結果を示しており，死刑制度を導入している州では殺人事件の発生率が減少していることを報告していた。対照的に，もう 1 つの研究は死刑制度を導入している州で殺人事件の発生率が明らかに高いことを示していた。このように相矛盾する 2 つの研究に対し実験参加者は，自分の立場を支持する研究についてはより厳密に行われていると評価したのに対し，自分の立場に反する研究は研究のやり方などに問題があるとして批判した。その結果，2 つの研究結果を読んだ実験参加者は，いずれの立場の者も，自分の態度により強い確信を持つようになり，両者の態度の違いはさらに明確となった。このように私た

ちは，自分にとって重要なことがらについて，はっきりしない証拠を見ると，自分に都合よく解釈し，既存の態度をより強める傾向がある。

(b)　心理的リアクタンス

　人はまた自分の態度を自由に決定したいという動機を持っている。そのため，こうした動機を脅かされた場合には，心理的リアクタンス（心理的反発ともいう）が生じることも指摘されている（Brehm & Brehm, 1981）。たとえば，高圧的なことばや行動で態度変容を迫られると，態度を選択する自由が脅かされたと感じられるため，自由の回復をめざして，態度変容への抵抗はかえって増すことになる。そして時には，説得者の意図した方向とは正反対の態度へと変わるブーメラン効果が生じることもある。

(c)　二重態度

　態度変容といったとき，一般には古い態度が新しい態度にとって代わられることと考えられる。しかしたとえ表面上，態度が新しいものに変わったように見えても，古い態度がそのまま残存することもある（Wilson, Lindsey & Schooler, 2000）。これを二重態度という。

　社会心理学では，伝統的に態度対象に関して意識的に表明される評価を調べてきた。これを顕在態度といい，質問紙などの自己報告尺度で測定することができる態度である。一方，潜在態度は，意識的にアクセスすることができない態度であり，潜在連合テスト（IAT：Implicit Association Test）など特殊な手続きを用いて測定を行う（Greenwald, McGhee, & Schwarz, 1998）。

　既述のように態度はふつう矛盾がないように保たれる（認知的斉合性理論）。しかし顕在態度と潜在態度に関しては，同一個人が持つ態度であっても必ずしも一貫しない。特に偏見など，社会的な望ましさが関係する態度については，表面的には（すなわち，顕在態度においては）平

等主義的な態度を持ち，偏見に対して否定的な態度を持っているように
見えても，潜在態度においては，強い偏見を維持していることもある。
潜在態度は，それを抑制しようとする十分な動機づけや認知能力がある
ときには表出されないが，これらのいずれかもしくは両者が欠如したと
きには，思いがけず表出してしまうことがある。

3. 態度と行動の一貫性

　冒頭で，社会心理学では態度を行動の準備状態ととらえていると述べ
た。そうであるならば，態度は行動の強力な予測子であるはずである。
実際，日常生活においても，選挙の前に世論調査を行って有権者の政党
や政策に対する態度を探ろうとするのは，投票結果を占うためだし，新
商品を開発した会社がモニターに商品を試してもらい，意見を聞こうと
するのは，それがどれくらい売れるかを予測するためである。しかしこ
うした現実とは裏腹に，態度は，私たちが期待するほどには行動を予測
しないことがたびたび報告されている。
　このことに関連して，ラピエールが行った古典的な研究を紹介してお
こう（LaPiere, 1934）。ラピエールは，1930年から 2 年をかけて，中国
人の夫妻とともに，アメリカ国内を旅行した。当時のアメリカには東洋
人への偏見や差別がはびこっていたが，彼らが訪れた251カ所のホテル
やレストランなどのうち，サービスを断られたのは 1 カ所だけだったと
いう。しかしこのような事実にもかかわらず，6 カ月後にそれらの施設
に手紙を送り，中国人にサービスをするかどうかを尋ねたところ，返事
があった128カ所の施設のうち，92％が「断る」という回答であった。
つまり現実の行動と，調査に応じて表明された態度がまるで一貫してい
なかったのである。このラピエールの研究は，まだ研究手法が確立して

いない時代の研究だということもあり，方法論的な問題も指摘されている。しかしその後40年経って，それまでに報告された42の実証論文をレビューした研究でも，態度と行動の一貫性は低かった（両者の間の相関係数の平均は $r \fallingdotseq .15$ だった；Wicker, 1969）。

　態度と行動が一貫しない理由には様々なものが考えられる。たとえば，ネガティブな態度であれば，それを行動に移すことは社会規範に背くことになるかもしれない。また，私たちの抱く態度は多くの場合，漠然としたもの（たとえば，ある政党を支持している）であるため，特定の状況下で求められる行為には必ずしも対応しない（自分の選挙区の候補者Aは，その政党公認だが投票したくない）。また，私たちがある対象に対して抱く態度がしばしば両面価値的（候補者Aのことは好きだけど，政治家には向いていないと思う）だということもある。

　最近の研究では，態度よりも意図のほうが行動をより強く予測することも指摘されている（Ajzen, 1991）。意図は，態度のほかに，主観的な規範（他者がその行動を容認するだろうという知覚）と，統制感（その行動が自分でコントロールできるという知覚）によって規定される。すなわち，行動を予測するには態度を知るだけでは不十分なのである。ただし，社会的望ましさに関係するような行動（差別的行動など）では，潜在態度を測定することによって，行動の予測力が高くなるという報告（Greenwald, Poelman, Uhlman, & Banaji, 2009）や，顕在態度であっても強い態度であれば，記憶内にある態度に関する情報にアクセスしやすいため，行動をより予測するという報告もある（Fazio & Williams, 1986）。

1．キーワードに挙げられていることばについて説明してみよう。
2．世界の破滅を予言したカルト教団の信者たちは，予言がはずれたとき，
なぜその信念をより強固にしたのだろうか。認知的不協和理論を用い
て説明してみよう。
3．これまでに態度と行動が一貫しなかった経験がないか思い出してみよ
う。たとえば，好きだけれども購入しない商品があったり，嫌いだけ
れども付き合っている人がいたりするだろうか。なぜそのようなこと
が起こるのかを考えてみよう。

引用文献

Allport, G. W. (1935). Attitudes. In C. Murchison (Ed.), *Handbook of Social Psychology* (pp.798-844). Worcester, MA: Clark University Press.

Bargh, J. A., Chen, M., & Burrows, L. (1996). Automaticity of social behavior: Direct effects of trait construct and stereotype activation on action. *Journal of Personality and Social Psychology, 1,* 1-40.

Brehm, S. S., & Brehm, J. W. (1981). *Psychological reactance: A theory of freedom and control.* Academic Press.

Cacioppo, J. T., & Petty, R. E. (1982). The need for cognition. *Journal of Personality and Social Psychology, 42,* 116-113.

Cialdini, R. B. (2009). *Influence: Science and practice* (5th ed.). Boston: Allyn & Bacon.

Fazio, R. H., Sanbonmatsu, D. M., Powell, M. C., & Karde, F. R. (1986). On the automatic activation of attitudes. *Journal of Personality and Social Psychology, 50,* 229-238.

Fazio, R. H., & Williams, C. J. (1986). Attitude accessibility as a moderator of the attitude — perception and attitude — behavior relations: An investigation of the 1984 presidential election. *Journal of Personality and Social Psychology, 51,* 505-514.

Festinger, L. (1957). *A theory of cognitive dissonance.* Evanston, IL: Row, Peterson,

& Co.

Festinger, L., Riecken, H. W., & Schachter, S. (1956). *When prophecy fails.* Minneapolis, MN: University of Minnesota Press. (フェスティンガー, L., リーケン, H. W., シャクター, S. 水野博介（訳）(1995). 予言がはずれるとき—この世の破滅を予知した現代のある集団を解明する　勁草書房)

Greenwald, A. G., McGhee, D. E., & Schwartz, J. L. K. (1998). Measuring individual differences in implicit cognition: The implicit association test. *Journal of Personality and Social Psychology, 74,* 1464-1480.

Greenwald, A. G., Poehlman, A. T., Uhlmann, E. L. & Banaji, M. R. (2009). Understanding and using the Implicit Association Test: III. Meta-analysis of predictive validity. *Journal of Personality and Social Psychology, 97,* 17-41.

Heider, F. (1958). *The Psychology of Interpersonal Relations.* John Wiley & Sons.

Hovland, C. I., & Weiss, W. (1951). The influence of source credibility on communication effectiveness. *Public Opinion Quarterly, 15,* 635-650.

今井芳昭（2006）. 依頼と説得の心理学—人は他者にどう影響を与えるか　サイエンス社

Katz, D. (1960). The functional approach to the study of attitudes. *Public Opinion Quarterly, 24,* 163-204.

LaPiere, R. T. (1934). Attitude vs. actions. *Social Forces, 13,* 230-237.

Lord, D., Ross, L., & Lepper, M. (1979). Biased assimilation and attitude polarization: The effects of prior theories on subsequently considered evidence. *Journal of Personality and Social Psychology, 37,* 2098-2109.

Petty, R. E., & Cacioppo, J. T. (1986). The elaboration likelihood model of persuasion. In L. Berkowitz (Ed.), *Advances in experimental social psychology* (vol.19, pp.123-205). NY: Academic Press.

Schwarz, N., Bless, H., & Bohner, G. (1991). Mood and persuasion: Affective states influence the processing of persuasive communications. *Advances in Experimental Social Psychology, 24,* 161-199.

Wicker, A. W. (1969). Attitudes versus actions: The relationship of verbal and overt behavioral responses to attitude objects. *Journal of Social Issues, 25,* 41-78.

Wilson, T. D., Lindsey, S., & Schooler, T. Y.（2000）. *A model of dual attitudes.* *Psychological Review, 107,* 101-126.

Wilson, W., & Miller, H.（1968）. Repetition, order of presentation, and timing of arguments and measures as determinants of opinion change. *Journal of Personality and Social Psychology, 9,* 184-188.

Wood, W., Kallgren, C. A. & Preisler, R. M.（1985）. Access to attitude-relevant information in memory as a determinant of persuasion: The role of message attiributes. *Journal of Experimental Social Psychology, 21,* 73-85.

参考文献

チャルディーニ, R. B 社会行動研究会（訳）（2014）.『影響力の武器［第三版］―なぜ，人は動かされるのか』誠信書房

フェスティンガー, L. シャクター, S. リーケン, H. W. 水野博介（訳）（1995）.『予言がはずれるとき―この世の破滅を予知した現代のある集団を解明する』勁草書房

今井芳昭（2006）.『依頼と説得の心理学―人は他者にどう影響を与えるか（セレクション社会心理学10)』サイエンス社

6 ｜ 自己概念と自尊感情

《目標・ポイント》「自己」は社会心理学において，重要なトピックである。
それは，私たちが自己というフィルターを通して社会環境を見ているからで
ある。すなわち，私たちが社会をどのように認識するかは，認知の主体であ
る自己がどのように構成され，またどのような動機を持っているかに依存し
ている。本章では，自己概念と自己評価という，自己の2つの側面に焦点を
あてながら，自己について考えていく。
《キーワード》 自己概念，社会的アイデンティティ，自己スキーマ，自尊感
情，社会的比較，自己評価維持モデル

1. 社会心理学における自己

　社会心理学が，人と人との関わりを考える学問であることを考えると，
「自己」が社会心理学の研究テーマの1つになっていることに違和感を
覚える人がいるかもしれない。しかし私たちが，自分とはどのような人
間かを定義したり，自分自身を評価したりするとき，それは他者との関
係性や他者との比較を通して行われることが多い。また人は社会環境
（他者の存在）によって影響を受ける存在であるが，それは環境からの
一方的な影響ではなく，その環境を人がどのように認識するかというこ
とに依存している（第1章参照）。であるならば，この社会的環境を認
識する主体が，どのような知識や経験を有しているか，あるいは，どの
ような欲求，目標，信念をもとに他者に接しているかなどを理解してお

く必要があるだろう。それらの違いによって，私たちの社会環境の捉え方は異なってくるし，環境の捉え方が異なれば，自ずと環境から受ける影響も異なってくるからである。そして，この社会環境を認識する主体とは，すなわち自己のことである。ある研究者は，「自己を理解しなければ，社会心理学者にとって，意味のある現象の多くは理解できない」とまで言い切っている（Taylor, 1998）。

2.　自己概念

　自己は，その認知的側面である自己概念（ないし自己知識）と，感情的・評価的側面である自尊感情（ないし自己評価）という2つの側面から検討されている。このうち自己概念とは，端的に言えば，「私はこのような人間である」という自分に関する知識の集積，あるいは，自己定義である。自分の自己概念を知る最も手軽な方法として，20答法と呼ばれるテストがある（Who am I？テストと呼ばれることもある）。これは，「私は誰でしょう？」という問いに対して，20個の答えを考えるというものである（表6-1）。

（1）個人的アイデンティティと社会的アイデンティティ

　自己概念は，さらに2つの側面に分けることができる。1つは，「私は明るい」，「私はピアノが弾ける」など，独自の特性（性格や能力など）から，自分という個人を捉えるものである。これを個人的アイデンティティという。一方，「私は日本人である」，「私は○○会社の社員である」など，ある社会集団（社会的カテゴリー）の一員として，自己を捉える場合もある。これを社会的アイデンティティという。

　私たちは，自己概念の一部として，このような社会的アイデンティテ

表6-1　20答法（私は誰でしょう？）

1.	私は_____
2.	私は_____
3.	私は_____
4.	私は_____
5.	私は_____
6.	私は_____
7.	私は_____
8.	私は_____
9.	私は_____
10.	私は_____
11.	私は_____
12.	私は_____
13.	私は_____
14.	私は_____
15.	私は_____
16.	私は_____
17.	私は_____
18.	私は_____
19.	私は_____
20.	私は_____

　ィを持っているために，たとえば日本人が海外で評価されれば嬉しく感じるし，悪いことをすれば恥ずかしく感じる。また自分が勤務する会社のために一所懸命働いて貢献しようとするのも，部分的には，その会社の社員であるという社会的アイデンティティを認識し，その会社の評価が自尊感情を向上させるためだと考えられる（第11章参照）。

（2）作動的自己概念と自己ステレオタイプ化

　人が自分をどのように捉えるかは，状況に応じてダイナミックに変化する。自己には様々な側面があり，それぞれの側面が私たちの思考や感情，行動に影響を与えるが，ある瞬間に自己のどの側面が影響を与えるかは，その瞬間に自己に関するどのような知識がアクセスしやすくなっているかに左右される。このように一時的に優勢になっている自己の知識を作動的自己概念という（Markus & Kunda, 1986）。

　たとえば同じ個人でも，個人的アイデンティティが強く認識されるときもあれば，社会的アイデンティティが強く認識されるときもある。また社会的アイデンティティが認識される場合も，どの社会的アイデンティティが特に顕著になるかは状況によって異なる。なぜなら，社会的アイデンティティのもととなる社会的カテゴリーは階層構造を持っており，一人の人物が同時に複数の社会的カテゴリーに含まれるためである。たとえば，筆者は大学教員であり，心理学者であり，特に社会心理学を専門としている。と同時に，私は女性であり，日本人であり，東京都在住者である。

　大勢の人がいる場所で自己紹介をする場面を考えてみよう。それが日本国内で，集まっている人の多くは日本人である場合，「私は日本人です」と自己紹介をする人はいないだろう。そのように自己紹介しても，その人がどのような人物かまったくわからないからだ。しかしこれが外国，たとえばアメリカでのことであれば，「日本人」であることは，その人を特徴づける社会的カテゴリーとして十分に機能する。一方，同じようにして，日本の集まりで自己紹介をする場合，いきなり，私が「専門は社会心理学です」と言ったら，どうであろうか。確かに，「社会心理学者」であることは，私を特徴づける自己概念の一部だが，様々な職業の日本人が集まる場において，それほどまでに具体的な社会的カテゴ

リーを示す必要はなく，おそらくそのような場では，「私は大学教員です」と紹介するのが，最も適当ではないだろうか。

このように，外集団（自分が含まれない集団）との差異をできるだけ際立たせ，なおかつ，内集団（自分が属する集団）の成員との類似性を明らかにしてくれるような社会的アイデンティティが，その場において，自己の立場を最も明確にする自己概念となる。そしてこの自己紹介の例が示すように，私たちは特に意識することもなく，状況に応じて，最も適切な社会的カテゴリーによって自分を特徴づけている。

なお，ある社会的カテゴリーで自分を定義づけた場合，そのカテゴリーに一般的とされる特徴を，自分が持っていると強く認識するようになる。たとえば，「私は日本人です」と自己紹介をするとき，日本人を特徴づけるような属性を自分が多く持っていることを自覚する。これを自分自身にステレオタイプを当てはめるという意味で，自己ステレオタイプ化という。第2章で解説したように，私たちは他者にステレオタイプをあてはめ，そのステレオタイプによって，その人を理解しようとするが，時に私たちは自己が属している集団のステレオタイプによって，自分自身を理解することがあるのである。

（3） 関係的自己

自己概念は，状況によって変わるだけでなく，他者との関係性によっても変動する。特に過去および現在において，自分に対して重要な影響を与えてきた他者（両親，きょうだい，親友，配偶者，現在もしくは過去の恋人など）は重要他者と呼ばれ，自己概念の一部を構成している。これを関係的自己という（Andersen & Chen, 2002）。

関係的自己は，その人の信念や価値観，行動などを方向づけることがある。たとえば，あなたの母親があなたを努力家だと認識している（と

あなたが信じている）場合，あなたは母親の前では，努力家の自分を見せようとするだろう。また，声やしぐさなど，何かしら重要他者（たとえば，母親）の面影を感じるような他者に出会った場合，重要他者との関係性の中で構築された自己概念が顕在化し，それに沿った振る舞いが自然と生じてくることもある。

　重要他者は自己概念の一部を構成しているため，ふつうは自己に対して見られるはずの認知の歪み（バイアス）が，重要他者に対しても見られることがある。たとえば，セルフ・サービング・バイアス（第 3 章参照）は自己に特有な認知バイアスであるが，重要他者に対しては，自己に対してと同じように，成功は内的要因に，失敗は外的要因に帰属されることがある。これは重要他者が拡大した自己として機能しているためだと考えられる。日本語の"身内"ということばはまさに，重要他者が自分自身の身の一部であることを表している。

（4）自己スキーマと自己関連づけ効果

　自己概念には，自己に関する様々な知識が含まれる。それらは，全体としてネットワーク構造を成し，体制化されたかたちで記憶内に保存されていると考えられている。これを自己スキーマという。マーカスによれば，自己スキーマとは「過去の経験から作り出された自己についての認知的な概括」であり，「個人の社会的経験においては自己に関連した情報の処理を体制化し，導くもの」である（Markus, 1977）。そのため，自己スキーマの中核をなす情報が入力された場合には，効率的な情報処理がなされる。

　このことと関連した興味深い現象に，自己関連づけ効果がある（自己参照効果ともいう）。一般に記憶は，処理水準の深い情報処理を伴う記銘方略を採用するほど再生成績がよくなることが知られている。これを

処理水準効果という（Craik & Rockhart, 1972）。しかし，記憶課題を自己に関連づけて行う場合，その記憶成績は一段と向上する。これが自己関連づけ効果である。ロジャースら（Rogers, Kuiper, & Kirker, 1977）は，実験参加者に40個の特性形容詞を順に見せ，そのうち10個については形態判断（フォントが大きいか小さいか判断する），10個については音韻判断（韻を踏んでいるかを判断），10個については意味的判断（類義語であるかを判断），10個については自己関連性判断（それが自分にあてはまる特性であるかを判断）をさせた。その結果，自己関連性判断では，一般的にはもっとも再生率が高いといわれる意味判断よりもさらに高い記憶成績が見られた。これは，自己関連性判断が，意味判断以上に深い情報処理を促していたことを示唆している。自己が組織化された知識の集積体であるからこそ，その知識との照合である自己関連性判断は，新たな情報を知識のネットワークの中に組み込み，記憶の再生を促したのだろう。私たちの知識は，自己に関するものに限らず体制化されているが，自己知識は，その質と量において，他の事物や人物に関する知識を圧倒しており，それゆえに自己関連づけ効果が生じるのだと考えられる。

3. 自尊感情

　ここまで自己概念について説明をしてきたが，自己概念には，多くの場合，評価や感情が伴う。そのような自己の感情的・評価的側面が，自尊感情（もしくは自己評価）である。

（1）社会的比較
　自尊感情は自分が自分に対して下す評価である。では，その評価はど

のようにして行われるのだろうか。フェスティンガー（Festinger, 1954）は，人間には，自分の意見や能力を評価しようとする動機があるが，そのための客観的手段が利用できない場合，他者と比較することによって自己評価をしようとするとしている。これを社会的比較という。実際，私たちが行う自己評価の多くは，客観的基準がないものが多い。たとえば，自分の社交性を評価する場合，他者と比較することでしか，その高低を判断することはできないだろう。ただし比較する相手には，自己と類似した他者が選ばれやすい。自分と立場があまりにも違っていたり，能力がかけ離れていることが最初からわかっていたりする場合，自己を正しく評価できないためである。趣味でマラソンを楽しんでいる人が，そのタイムの速さをオリンピック選手と比べたりはしないのと同じである。

　社会的比較には，上向きの社会的比較である上方比較と，下向きの社会的比較である下方比較の 2 種類がある。上方比較は，自分より能力が高いなど，より望ましい状態にある他者と比較をするものである。これは自己を正確に評価したいという動機だけでなく，自己を向上させたいという動機をも満たすものであるが，自分より有能な人と比較することによって，欠点や自分に不足しているものを思い知らされることとなるため，自尊感情を低下させる危険性をはらむ。

　もう一方の下方比較は，自分よりも能力が低いなど，より望ましくない状態にある他者と比較をするものである。自分よりも不幸だったり，不遇だったりする他者と比較することで，自己評価を上昇させたいという動機を満たす効果も持つ。自尊感情が低い人や，気分が落ち込んでいる人，不治の病などを経験している人は下方比較を行いやすく，それによって不快な感情を改善させている。

（2） 自己評価維持モデル

　前節で触れたように，自己について正確に評価したい，向上させたいという動機に加え，私たちは自己評価を上昇させたいという動機を持っている。この自己評価を上昇させたい，あるいは少なくとも現状を維持し，自己評価を下降させたくないという自己高揚動機は，自己にまつわる動機のなかでもとりわけ強く，人間にとって基本的で普遍的な動機だと考えられている（Baumeister, 1993）。

　人が自己評価の維持・高揚に強く動機づけられていることを前提とし，社会的比較のプロセスを包括的に説明したモデルに，自己評価維持（SEM：Self-evaluation maintenance）モデルがある。このモデルによれば，他者の存在は自己評価に重要な影響を与えるが，その影響は，比較過程と反映過程という2つの過程のいずれかに基づく。比較過程は他者の遂行レベル（成績など）と自分自身の遂行レベルとを比較すること（社会的比較）により，自己評価を上下させる過程を指し，反映過程は他者の遂行を自己と結びつけ，同一視することによって，自己評価を上下させる過程を指す。このうちどちらの過程が働くかは，①他者と自己の心理的距離，②課題や活動の自己関連性の程度，③自己と他者の相対的な遂行レベルの認知という3つの要因によって変わってくる。

　たとえば，他者の遂行レベルが自己の遂行レベルよりも高い場合，その課題の自己関連性が高いときには比較過程が働くため，自己評価が低下しないよう，他者との心理的距離を広げると，このモデルは予測する。他方，他者の遂行レベルが高くても自己関連性が低ければ，反映過程が働き，心理的距離を狭めることになる。具体的な例を考えてみよう。あなたも友人も絵を描くことを趣味としているが，友人のほうが格段に上手い（遂行レベルが高い）と仮定してみよう。もしあなたにとって，絵を描くことがとても重要な趣味であるならば（すなわち，自己関連性が

高いならば），ごく身近に自分よりも格段に絵が上手い人がいることは，あなたにとって気分がいいものではないだろう。それは自己評価を低めてしまうものだからである。そこで，自己評価の低下を避けるために，徐々にその友人とは距離（心理的距離）をとるようになるかもしれない。しかし，もし絵を描くことがそれほど自分にとって重要な趣味でなければ（自己関連性が低ければ），絵の上手い友人を持っていることはあなたの自慢になり，むしろ自己評価の向上につながるだろう。そのために，あなたはその友人との距離（心理的距離）を縮め，殊更に親しいふりをするかもしれない。

　では，もともと心理的距離が狭く，それ以上に距離を広げることができない場合はどうだろうか。たとえば，比較対象がきょうだいの場合などがそれにあたる。このような場合，自己関連性が高い課題のときには，比較過程が働くため，自己の遂行を上昇させるか，他者の遂行レベルを低下させることで，自己評価を維持しようとすると，自己評価維持モデルは予測する。たとえば，兄弟で水泳をしていて，弟のほうがタイムが速い場合，兄の立場に立つと，このままでは自己評価が下がってしまう。そこで努力をして，なんとか弟のタイムを抜くように頑張ったり，時には弟の練習を妨害したりするなどして，自分のほうが優位に立てるように策略を練るかもしれない。しかし自己関連性が低い課題の場合には，反映過程が働くため，自己の遂行レベルを低下させたり，他者の遂行レベルを上昇させたりすることで，自己評価を高めることが予測される。先の例に照らせば，水泳が自分にとってさほど重要な課題でなければ，むしろ努力を止めて弟が良いタイムを出せるよう協力することで，素晴らしい記録を持つ選手の兄として，高い自己評価を維持することができるだろう。

　また，同じく心理的距離が狭い場合，他者の遂行が優れていれば自己

の関連性を下げる，他者の遂行が劣っていれば関連性を上げるといった方略も考えられる。弟のほうが水泳で速いタイムが出せるとわかった時点で早々に水泳に見切りをつけ，水泳は自分にとって重要な活動ではないと思い込むことができれば，弟のタイムが上がったとしても，それに一喜一憂する必要はなくなる。逆に弟よりも自分のほうが勝っているなら，それを自分にとって重要な活動だと自己関連性を強く認識することで，自己評価を上げることもできるだろう。

（3）継時的比較

自己評価維持モデル（SEM モデル）は，他者との関係のなかで自己評価を維持・高揚する方略を説明するものだった。しかし私たちは，現在の自分の評価を維持・高揚するために，他者ではなく，過去の自己と比較することもある。これを継時的自己比較という。過去の自分が劣っていれば，相対的に現在の自分の評価を高めることができるからである。実際，過去の自分は現実よりも劣ったものとして想起される傾向があることを報告する研究もある（Wilson & Ross, 2001）。

（4）ポジティブ・イリュージョン

自己高揚動機は，自己を実際以上に良く見るという幻想を生じさせる。具体的には，過去の行為や自己の特性を実際以上に良いものと考えたり（例：私はとても誠実な人間だ。誠実さでいえば，私は仲間の中でかなり上位に位置するはずだ），自己の将来をバラ色だと考えたり（例：最近，交通事故のニュースをよく見るが，私に限っては事故にあったりはしない），外界に対する自己の統制力を過大に知覚したりする（例：私が努力さえすれば，幸せな結婚生活を送ることは容易だ）。これをポジティブ・イリュージョンという（Taylor, 1989）。テイラーによれば，ポジ

ティブ・イリュージョンを持つ人はそうでない人より落ち込みにくく，困難な課題にも長く挑戦するため，成功しやすいという。ただしポジティブ・イリュージョンは，あくまでも幻想（イリュージョン）であることから，自己認知を歪ませ，不合理な判断や行動を生むこともある。また幻想によって自尊感情が過大に膨らめば，他者に対する攻撃性につながる（第9章参照）。しかし総じて，ポジティブ・イリュージョンは正常な人間の認識の範囲内のものであり，精神的健康に寄与する適応過程だとテイラーは主張している。

　なおこのような主張と対をなすのが，抑うつリアリズムという考え方である（Alloy & Abramson, 1979; Dobson, & Franche, 1989）。抑うつの人たちは，物事を実際以上に悪く考える人，あるいは悲観主義の人と考えられがちだが，抑うつリアリズム理論によれば，自己や自己を取り巻く世界を歪めて見ているのはむしろ一般の人のほうで，抑うつ者はむしろ自己や社会を正確に認知しているのだという。確かに相対的に見れば，抑うつ者は一般の人に比べ世界を悲観的に見ている。しかしそれは一般の人の見方が過剰に楽天的であるためで，抑うつ者の認知が歪んでいるのではないというのである。

（5）　自尊感情の機能的価値

　自己高揚動機を示す現象は，様々な場面で観察されるが，そもそも私たちはなぜ自尊感情を維持・高揚しようとするのだろうか。こうした視点から，近年，自尊感情の機能を説明する理論がいくつか提出されている。ここではその中から2つの代表的理論を取り上げる。

(a)　存在脅威管理理論

　存在脅威管理理論（Greenberg, Pyszczynski, & Solomon, 1986; Solomon, Greenberg, & Pyszczynski, 1991）とは，自尊感情は，死の不

可避性という存在脅威を緩衝する装置として機能すると考える理論である。この理論によれば，人間は高度な認知能力を身につけ，それによって自らの生存能力を高めたが，一方でこうした能力は同時に，自分がいずれ死すべき運命にあることを認識させるに至ったという。そこで人間は，このような死の不可避性から生じる恐怖（存在脅威）に打ち勝つために，文化を発展させ，それによって世界に意味や秩序，安定性，永遠性を与えようとしたと考える。世界は永続しているという文化的世界観を持つことで，自分はただ死という運命に翻弄されるだけの存在ではないという意識が喚起され，存在脅威の不安が和らげられるというのである。しかし，文化的世界観が存在脅威の緩衝装置として働くためには，自分がその社会や文化の中で価値のある人間として認められることが必要である。存在脅威管理理論によれば，この「自分は文化の中で価値ある存在として認められている」という感覚こそが自尊感情であり，私たちは存在脅威から身を守るために自尊感情を維持・高揚しようとするのである。

(b) ソシオメータ理論

　一方，ソシオメータ理論（Leary, Tambor, Terdal, & Downs, 1995; Leary & Baumeister, 2000）では，自尊感情は自分と他者との関係を監視する心理的システムとみなされている。すなわち主観的な自尊感情は，他者（社会）からの受容の程度を示す計器（メータ）であり，高い自尊感情は他者から受容されているというシグナル，低い自尊感情は他者から排除されているというシグナルを示しているという。

　人は他者の助けがなければ生きていくことができない。特に，人がまだ厳しい自然環境の中で生活していた時代にあっては，社会を形成し，他者と社会的な絆を築くことは，自身の生存確率を高めるためにも，また子孫を残すためにも不可欠だったと考えられる。こうしたことから，

円滑な社会生活を営むためには，常に対人環境をモニターして，他者か
らの受容の脅威となるものがないかを調べる心理的システムを発達させ
る必要があったはずである。ソシオメータ理論ではこの機能を果たすの
が自尊感情だと主張する。すなわち，私たちが自尊感情の低下を嫌うの
は，それが他者からの拒絶を意味するためであり，高い自尊感情を維持
することによって，他者との絆を確認しようとしているのである。レア
リーらは，こうした仮説のもとに実証研究を行い，自尊感情が社会的受
容の程度に敏感に反応することや，公的な出来事が私的な出来事に比べ
自尊感情への影響が大きいことなど，仮説を支持する結果を報告してい
る（Leary & Baumeister, 2000）。

 1．キーワードに挙げられていることばについて説明してみよう。
2．20答法（Who am I ？テスト）をやって，自己概念の内容を調べてみ
　よう。その上で，それぞれの回答を個人的アイデンティティと，社会
　的アイデンティティに分類してみよう。
3．きょうだい，友人，知人など，現実の人間関係に自己評価維持モデル
　を適用し，モデルの予測が自分にも当てはまるかを考えてみよう。

引用文献

Alloy, L. B., & Abramson, L. Y. (1979). Judgment of contingency in depressed and
nondepressed students: Sadder but wiser? *Journal of Experimental Psychology:
General, 108*, 441-485.

Andersen, S. M., & Chen, S. (2002). The relational self: An interpersonal social-
cognitive theory. *Psychological Review, 109*, 619-645.

Baumeister, R. F. (1993). *Self-esteem: The puzzle of low self-regard*. Plenum Press.

Craik, F. I. M. & Rockhart, R. S. (1972). Levels of processing: A framework for
memory research. *Journal of Verbal Learning and Verbal Behavior, 11*, 671-684.

Dobson, K. & Franche, R. L. (1989). A conceptual and empirical review of the depressive realism hypothesis. *Canadian Journal of Behavioural Science, 21,* 419-433.

Festinger, L. (1954). A theory of social comparison processes. *Human Relations, 7,* 117-140.

Greenberg, J., Pyszczynski, T., & Solomon, S. (1986). The causes and consequences of a need for self-esteem: A terror management theory. In R. F. Baumeister (Ed.), *Public self and private self* (pp.189-212). NY: Springer.

Leary, M. R., & Baumeister, R. F. (2000). The nature and function of self-esteem: Sociometer theory. In M. P. Zanna (Ed.). *Advances in experimental social psychology* (vol.32, pp.1-62). San Diego: Academic Press.

Leary, M. R., Tambor, E. S., Terdal, S. K., & Downs, D. L. (1995). Self-esteem as an interpersonal monitor: The sociometer hypothesis. *Journal of Personality & Social Psychology, 68,* 518-530.

Markus, H. (1977). Self-schema and processing information about the self. *Journal of Personality and Social Psychology, 35,* 63-78.

Markus H. & Kunda Z. (1986). Stability and malleability of the self-concept. *Journal of Personality and Social Psychology, 51,* 858-66.

Rogers, T. B., Kuiper, N. A. & Kirker, W. S. (1977). Self-reference and the encoding of personal information. *Journal of Personality and Social Psychology, 3,* 677-688.

Solomon, S., Greenberg, J., & Pyszczynski, T. (1991). A terror management theory of social behavior: The psychological functions of self-esteem and cultural worldviews. *Advances in Experimental Social Psychology, 24,* 93-159.

Taylor, S. E. (1989). *Positive illusions: Creative self-deception and the health mind.* NY: Basic Books. (テイラー, S. E. 宮崎茂子 (訳) (1995). それでも人は, 楽天的な方がいい―ポジティブ・マインドと自己説得の心理学 日本教文社)

Tesser, A. (1988). Toward a self-evaluation maintenance model of social behavior. In Berkowitz, L. (Ed.), *Advances in Experimental Social Psychology* (vol. 21, pp.181-227). NY: Academic Press.

Wilson, A. E., & Ross, M. (2001). From chump to champ: People's appraisals of their earlier and present selves. *Journal of Personality and Social Psychology,* *80*, 572–584.

参考文献

高田利武（2011）.『他者と比べる自分―社会的比較の心理学（新版）（セレクション社会心理学 3 ）』サイエンス社

テイラー, S. E. 宮崎茂子（訳）（1995）.『それでも人は，楽天的な方がいい―ポジティブ・マインドと自己説得の心理学』日本教文社

脇本竜太郎（2012）.『存在脅威管理理論への誘い―人は死の運命にいかに立ち向かうのか（セレクション社会心理学27)』サイエンス社

7 | 自己過程

《**目標・ポイント**》 自己は静的なものではなく，社会のなかで構成されていくものである。本章では，自己をプロセス（過程）としてとらえ，自己に注目したり，表出したり，制御したりする段階について考えていく。これらの段階は，再帰的に自己に影響を与え，それにより自己はまた変容をしていく。
《**キーワード**》 自覚状態，私的自己意識，公的自己意識，自己呈示，自己開示，自己制御

1. 自己への注目

（1）プロセス（過程）としての「自己」

　前章では，自己を自分に関する知識と評価の集積体としてとらえていた。しかし中村（1990）は，自己を「社会的過程の中で生じ，機能する」もの，あるいは「社会的文脈のなかで構造化していく」ものとして，よりダイナミックにとらえ，そのプロセスを4つの段階にわけている（図7-1）。1つ目が「自己の姿への注目」，2つ目が「自己の姿の把握」，3つ目が「自己の姿への評価」，4つ目が「自己の姿の表出」の段階である。この分類に基づけば，前章の自己概念と自尊感情は，それぞれ第2，第3段階に対応する。そこで本章では，残る第1の「自己の姿への注目」の段階と第4の「自己の姿の表出」の段階に焦点をあてながら，プロセスとしての自己（自己過程）について考えていくことにする。

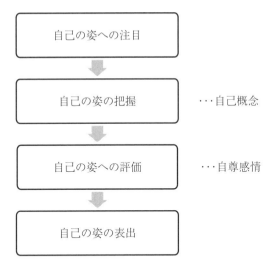

図7-1　プロセスとしての自己（中村（1990）を参考に作成）

（2）自覚状態

　自己に関する心理学研究の源流は，アメリカ心理学の祖と言われるウ
ィリアム・ジェームズの著作に見ることができる。彼は，「私が何かを
考えているときでも，私はそれと同時にいつも私自身，私の人格的存在
を多少とも自覚している。また同時にそれを自覚しているのも私である」
と，自己の二重性を指摘し，知る者としての自己（self as a knower）
を主我（I），知られる者としての自己（self as a known）を客我（me）
と呼んだ（James, 1892）。この客我の状態，すなわち，私たちの注意が
外部環境ではなく，自分自身に向けられている状態を，社会心理学では
客体的自覚もしくは単に自覚状態という。鏡に映った自分を見たり，カ
メラを向けられたり，集団のなかで少数派になったりしたときには，こ
のような状態になりやすい。

　客体的自覚理論（Duval & Wickland, 1972）によると，自覚状態では，

現在の状況に関連した正しさの規準（自分の理想や社会規範など）が顕在化し，現実の自己との比較が行われる。そして規準に到達していないと判断された場合（負の不一致）には，自己への注意を回避するか，規準に合わせるべく行動を調整して，不一致を低減させようとする。そのため自覚状態では，向社会的行動が促進する一方で，反社会的行動が抑制される（第9章参照）。たとえば，権威への服従実験（第9章参照）を模した実験で，教師役を務める実験参加者（男性）が，目の前に鏡がある状態で生徒役（女性）に電気ショックを与えた場合，鏡がない場合に比べて，与える電気ショックが弱かった（Scheier, Fenigstein, & Buss, 1974）。これは，鏡を見ることで，客体的自覚状態となり，「他者（女性）に優しい自分」といった自己の理想の姿が意識化されたためだと考えられる。

　他方，自分自身に注意が向かず，集団のなかに埋没してしまって，周囲の人々も自分を個別の存在としてとらえないような状況を没個性化という。没個性化した状況では，現実の行動を規準と照らし合わせて適切かを照合することがなくなり，社会規範に反するような行動が現れやすくなる。ジンバルドは，実験参加者に白いフードをかぶらせて，誰であるかを特定できない状況にした条件（匿名条件）のほうが，顔を出し名札を付けさせた条件（非匿名条件）よりも，他者に長く電気ショックを与えたことを報告している（Zimbardo, 1969）。

（3）自己意識特性

　自己に注意が向く（自己意識という）程度には，個人差があることが知られている。また注意が向く側面によって，自己意識は2つにわけられ，自分の容姿や振舞いなど，他者から見られている自己の外的な側面に注意を向けやすい傾向を公的自己意識，自分の感情や考え，態度など

内的なもの，他者が直接的にはうかがい知ることができないような自己
の内的な側面に注意が向きやすい傾向を私的自己意識という。なお，こ
れらの個人差（自己意識特性）を測定するために，よく用いられる自己
意識尺度（Fenigstein, Scheier, & Buss, 1975）は，これら 2 つのほかに，
他者の存在によって動揺する程度を表す対人不安という下位因子から構
成されている。公的自己意識の高い人は，他者からの評価を気にしやす
く，社会的な規準に沿って行動をする傾向があるのに対し，私的自己意
識が高い人は自身の規準に沿って行動をするため，態度と行動の一貫性
が高いと言われている（第 5 章参照）。

2.　自己の表出：自己開示

　続いて，自己の姿を表出する段階を見ていこう。私たちは，自分の経
験や人となり，いま考えていることや感じていることなど，自己に関す
るさまざまな情報を他者に伝えている。その中には，特に見返りを期待
することもなく，自分のことをありのままに相手に打ち明けようとする
ものがあるだろう。そのような行為を自己開示という。

（1）　自己開示の機能
　自己開示には，次の 5 つの機能があることが指摘されている
（Derlega, Margulis, & Winstead, 1987）。
⒜　感情の表出
　自分が考えていること，感じていることを他者に話すことは，それ自
体がカタルシスをもたらす。ジュラードは，精神的健康を維持していく
ためには自己開示は必要不可欠だとしている（Jourard, 1971）。特に外
傷的な出来事を経験したあとは，それを他者に開示した人のほうが，身

体的症状の訴えが少ない（Pennebaker, & O'Heeron, 1984）。また感情表出は，口頭ではなく筆記による自己開示でも有効である。ペネベーカーらが行った実験では，過去の外傷的な出来事について，その事実だけでなく，経験した感情についても筆記開示をした人たちは，開示直後には感情的動揺を経験するものの，長期的に見れば，心身の健康を向上させることが示されている（Pennebaker & Beall, 1986）。

(b)　自己の明確化

　自己開示をすることは，自らの考えや感情が明確化し，自分に対する理解が深まるといった効果があることも知られている。自己開示には開示する相手が存在するため，他者を意識することによって，自覚状態を経験する。そのため，曖昧な自己を嫌い，自己の態度が明確化される。

(c)　社会的妥当性

　他者に対面で自己開示を行うとき，多くの場合，相手から開示内容に対して，何らかのフィードバックを受ける。それにより，自らの考えや感情の妥当性を評価することができる。

(d)　関係性の発展

　ここまでに示した機能は自己開示をする側の効用だったが，自己開示は開示の対象に選ばれた相手にも効用をもたらす。なぜなら開示相手に選ばれた者は，自分が開示者にとって特別な存在であること，好意や信頼の対象であることが暗に示されるからである。そのため，自己開示を受けた者には，自分も自己開示をすることで，それに応えるといった返報性が見られる（後述）。これにより二者間の関係性が発展していく。

(e)　社会的コントロール

　自己開示は，他者が自分に対して抱く印象や，他者との関係性をコントロールするために戦略的に用いられることもある。たとえば，相手に開示する内容を調節したり，開示をする相手を調節する（親密になりた

い相手に選択的に自己開示をするなど）といったことが行われる。ただ
し，このようなタイプの自己開示は，あとから説明する自己呈示との区
別が難しい。

（2）自己開示の返報性

　返報性（互恵性）とは，他者から何らかの恩義，恩恵を受けたら，そ
のお返しをしなければならないという，暗黙の社会規範のことである
（第 5 章参照）。社会的動物である人間が他者との関係を持続させるには，
互いの損益にバランスがとれている必要がある。一方が損ばかりをして
いるような関係では，次第に不公平感が募り，関係が解消されてしまう
からである（第 8 章参照）。そうした事態を避けるため，私たちにはこ
の返報性の規範が強く根づいている。

　既述のように，自己開示は開示を受けた相手にとっても利益となるた
め，自己開示には返報性が見られる。飛行機や電車で偶然，隣に乗り合
わせた人が，自分の故郷や家族の話をしてきたとき，思わず自分もそれ
に応じ，同じように故郷や家族の話をしたことはないだろうか。このよ
うにして自己開示が繰り返されると，相手に理解されているという感覚
とともに，相手についてもよく理解しているという感覚が得られるため，
両者の関係は親密化していく。そして，このような関係性の進展は，更
なる自己開示を促す。

　自己開示の返報性は，単に自己開示には自己開示で応えるというだけ
でなく，自己開示の広さ（範囲）や深さ（程度）にも釣り合いがとられ
る。そして関係性の進展に伴って，徐々に広く，深くなっていく。した
がって関係初期に行われる自己開示は，その内容，程度ともに他愛もな
いものとなるのが一般的である。こうした暗黙の規範に反して，会って
間もない他者に，いきなりごく個人的な悩み話を打ち明けると，打ち明

けられた側は，返報性によって同程度に個人的な話をすることを求めら
れているように感じられるため，それを嫌って，むしろ関係性が断ち切
られることもある。

3. 自己の表出：自己呈示

　自己開示は自己のありのままの姿を他者に表出する行為だが，私たち
は，常に他者に対して真の自己の姿を示しているわけではない。また，
ジェームズが「厳密に言えば，一人の人は，彼を認め彼のイメージを心
に抱いている個人の数と同数の社会的自我を持っている」と述べている
ように（James, 1892），私たちが日々，相互作用する相手は，私たちに
対して，異なる姿をイメージしている。それはとりもなおさず，私たち
自身が，相手や状況に応じて異なる自己を表出しているからである。相
手が自分に対してある特定の印象を抱くように，本来とは異なる自分の
姿を伝えることを自己呈示という（Goffman, 1959）。私たちが自己呈示
を行うのは，そういった自己の表出により，自分にとって有利な状況を
つくりだそうとするためである。ただし，相手に形成させようとする印
象は必ずしも肯定的なものではなく，恐ろしい人，かわいそうな人など，
あえて否定的な印象を相手に抱かせることで有利な状況をつくろうとす
ることもある。

（1）自己呈示の方略
　ジョーンズとピットマン（Jones & Pittman, 1982）は，①特定の他者
からどのような印象で見られようと欲するのか（求められる帰属），②
その試みが失敗したとき，どのような印象で見られる恐れがあるのか
（失敗した場合の帰属），③どのような感情を相手に生じさせれば目的が

達成されるのか（相手に喚起される感情），④具体的にどのような行動
があるのか（典型的な行為）という側面から，自己呈示の方略を次の5
つに分類している（表7-1）。

(a)　取り入り

　相手から好意的に見られることを目的とする方略で，意見の同調をし
たり，お世辞を言ったりするのが典型的な行為である。好意は他者に対
して影響力を持つための重要な規定因の1つである（第5章参照）。

(b)　自己宣伝

　自己宣伝は，自分が能力のある人間だと見られることを目的として行
われる自己呈示である。自分にはこんな業績があるとか，自分はこんな
ことができると主張するのが典型的な行為である。

表7-1　自己呈示方略の分類（Jones & Pittman, 1982）

自己呈示の戦術	①求められる帰属	②失敗した場合の帰属	③相手に喚起される感情	④典型的な行為
取り入り	好感がもてる	追従者 卑屈・同調者	好意	自己描写・意見同調 親切な行為・お世辞
自己宣伝	能力ある	自惚れた 不誠実	尊敬	業績の主張 業績の説明
示　　範	価値ある 立派な	偽善者 信心ぶった	罪悪感・恥	自己否定・援助 献身的努力
威　　嚇	危険な	うるさい・無能・迫力なし	恐怖	脅し・怒り
哀　　願	かわいそう 不幸	なまけ者 要求者	養育・介護	自己非難 援助の懇願

(c) 示範

　自分は道徳的に価値がある立派な人間であるという印象を他者に与え
ようとする自己呈示である。自己犠牲的に他者の援助を行うなどが典型
的なものであり，なかには内在化された価値観によって，何の見返りも
なくそうした努力をする人もいるが，そのような例は稀だという。

(d) 威嚇

　脅迫したり，攻撃的に振舞ったりすることで相手に恐怖心を抱かせる
ものである。危険な人物だという印象を与えることで，自分の要求を飲
ませたり，自分にとって都合よくことが運べるようにする。

(e) 哀願

　威嚇と同様に，否定的な印象を相手に与えることを目的とした自己呈
示である。この場合，自分が弱い存在であることや，能力がない人間で
あるという印象を相手に与えることによって，相手から慰めや援助を引
き出すことができるが，それにより自尊感情が低下してしまうこともあ
る。

（2） 自己呈示の機能

　自己呈示には，次の3つの機能がある（Leary & Kowalski, 1990）。
1つ目は社会関係における報酬の獲得と損失の回避である。これは，上
司に取り入ることで好感をもたれ，昇進が早まるといった例が挙げられ
る。2つ目は自尊感情の維持・高揚である（第6章参照）。たとえば，
自己宣伝をすることで周囲から能力があると思われれば，尊敬され，自
尊感情が向上する。3つ目は望ましいアイデンティティの確立である。
当初は，望ましいイメージの演出のために，本来の姿ではない自己を表
出していたとしても，それが次第に自分のアイデンティティになってい
くことがある。この点については，後ほど自己呈示の内在化の節で詳述

する。以上のように自己呈示は，成功すれば様々な利益が得られるが，本来の自分を表出するのではない以上，常に失敗の危険性がある（表7-1）。

（3）セルフ・ハンディキャッピング

　重要な試験の前日に友人と遅くまで遊んで勉強をしなかったり，試験当日の朝，（実際には十分な勉強をしていたとしても）「昨日はまったく勉強をしなかった」と吹聴したりしたことはないだろうか。このような行為も，広義では自己呈示の一種と考えられている。失敗が予期される事態で自己の印象が否定的になることがないように，自己の表出を操作しているからである。自らにハンディキャップ（不利な条件）を課すという意味で，セルフ・ハンディキャッピングと呼ばれている。ここまでに紹介してきた自己呈示が，相手に特定のイメージを与えられるように積極的に働きかけるものであったのに対し，セルフ・ハンディキャッピングは，相手に特定のイメージを抱かせないように行為する消極的な自己呈示といえる（防衛的な自己呈示といわれる）。

　実際，失敗したときのための言い訳を事前に用意しておけば，たとえ試験の出来が悪かったとしても，実力不足と判断されなくて済む。またあわよくば，良い成績をとることで，不利な条件にもかかわらず，成功をおさめた能力の高い人と判断される可能性もある。

　セルフ・ハンディキャッピングは，単にことばだけで主張するに留めるか（主張的セルフ・ハンディキャッピング），実際にハンディキャップとなる状況を作り出すか（獲得的セルフ・ハンディキャッピング）によって区別することができる。冒頭に挙げた例で言えば，試験当日に「勉強をしなかった」と吹聴するのが主張的，友人と遊んでいて実際に勉強しなかったのが獲得的セルフ・ハンディキャッピングである。なお，

他の自己呈示と同様に，セルフ・ハンディキャッピングにも，自己呈示が失敗した場合には様々な弊害が生じる。いつも主張的なセルフ・ハンディキャッピングをする人は次第に信用されなくなるし，獲得的なセルフ・ハンディキャッピングを繰り返し，努力を怠っていると成長が阻害されてしまうからである。したがって，セルフ・ハンディキャッピングは，一時的には自尊感情を維持・高揚する機能を持つとしても，長い目で見れば望ましい自己表出の方法とはいえない。

（4）自己呈示の内在化

　既述のように，自己呈示は，ふつう，他者が自己に対して抱く印象を操作することを目的として行うものである。しかし，他者に対して本来とは異なる自己を表出するなかで，次第にむしろ本来の自己がその表出された自己に一致する方向に変容していくことがある。これを自己呈示の内在化という。たとえば，もともとは外向的ではなかった人が，他者に対して外向的に見えるように意図的に振る舞っているうちに，次第に外向的な人物に変わっていくというのがこれにあたる。

　内在化は，自己呈示が公的に行われるほど，すなわち多くの人を相手に，匿名でない状況下で明示的に行われるほど，起こりやすいとされている。ある研究（Tice, 1992）では，実験参加者はあらかじめインタビューを受ける際に，外向的もしくは内向的に振る舞うよう求められていた。その際，半数の参加者はインタビュー場面を他者から観察され，また回答の際に名前などの個人情報を名乗らなければならなかった（公的条件）。一方，残りの半数の参加者はインタビューの様子を誰からも観察されず，個人情報を明らかにする必要もなかった（私的条件）。その結果，公的条件で，外向的な自己呈示を行った参加者は，内向的な自己呈示を行った参加者に比べ，自分のことをより外向的と評価した。一方

私的条件では，外向的な自己呈示を行った参加者の外向性の自己評価と内向的な自己呈示を行った参加者の自己評価との間に，統計的に意味のある差は見出されなかった。

　公的な自己呈示によって内在化が生じるのは，第一に，そこに一貫性の原理（第5章参照）が働くからだと考えられる。他者に対して見せた行動と一貫性が保たれる行動が促進され，またそのような行動が繰り返されることで，その行動に沿った内面的変化が生じる。自己呈示の内在化はまた，自己知覚理論（Bem, 1972）によっても説明される。第3章でも説明したように，人は部分的には，他者に対するのと同じように自分に対しても，外に表出される行動やそのときの周辺環境の観察から，当人の内的状態について推論していると考えられる。そのため，外向的に振る舞う自己の姿を繰り返し観察することは，自分を外向的な人物だと認識することにつながる。私たちは，普段，行動はその人の内的な属性（すなわち，心）に基づいて生じるものと考えている（心→行動）。しかし自己呈示の内在化は，この因果関係が逆転する場合があることを示している。すなわち，外に表出された行動に基づいて，私たちの内面が変化するということである（行動→心）。このような事実から，ウィルソンは自分を変えたければ，まずは望ましい自分をイメージし，その人物になったつもりで他者に振る舞うことが肝要だと主張している（Wilson, 2002）。

4. 自己制御

　既述のように，自覚状態では，自分の理想や社会規範に自分の行動を一致させようと行動の調整がなされる。このように，現在の状況を評価し，望ましい規準（目標）に向かって自分の認知，感情，行動を調整す

ることを自己制御という。

（1） 制御焦点理論

　自己制御は，プラスの状態に向かって行われることが多い（例：人の
ためになるようなことをする，試験でよい点数をとる）が，マイナスの
状態を回避する（例：他者に迷惑をかけない，落第をしない）ために行
われることもある。制御焦点理論（Higgins, 1997）によれば，自己制御
システムには報酬の存在に接近し報酬の不在を回避しようとする促進焦
点と，罰の不在に接近し罰の存在を回避しようとする予防焦点の２つが
あり，そのどちらの焦点が優勢であるかによって，動機づけや行動制御
の仕方が変わるという。すなわち，促進焦点が優勢のときには，報酬に
敏感になるため，理想や希望を追求しようという動機づけが高まり，多
少のリスクをおかしても，積極的にそれらを追求しようとする。一方，
予防焦点が優勢なときには，罰に敏感になるため，リスクを避け，義務
や責任を全うしようとする。２つの自己制御システムは，状況によって
使い分けられるものだが，どちらが優勢になりやすいかには個人差もあ
る。

（2） 自己制御の逆説的効果と認知資源

　自己制御では，望ましい規準に向かって自己の行動が調整される。し
かしそのプロセスがかえって，意図している方向とは逆の結果を引き起
こしてしまうことがある。シロクマ実験と称される実験では，参加者に
「シロクマについて考えないでください」と教示したところ，それを意
識的に制御できる場面ではうまく思考を抑制することができたものの，
その制御が解かれた途端に，むしろシロクマのことが通常以上に思考に
上りやすくなってしまった（Wegner, Schneider, Carter, & White,

1987)。このような逆説的効果は思考抑制のリバウンド効果と呼ばれている。思考を抑制するためには，それを監視（モニタリング）する過程が必要だが，この過程が働き続けることによって，むしろ抑制しようとする思考内容に敏感になってしまうために，リバウンドが生じるのだと考えられている。加えて，自己制御には認知資源が必要であるため，その資源を割くことを停止したり，そもそも資源を割くことができない状況では，監視対象が思考に侵入してしまうのだと考えられる。

　バウマイスターら（Baumeister, Bratslavsky, Muraven, & Tice, 1998）によれば，自己制御の内容がどのようなものであれ，費やされる認知資源は同一である。またその資源は無限にあるわけではないので，特定の目標の達成のために資源を使いすぎると底をつき，他の目標達成のために資源を割けなくなってしまう。これを自我枯渇という。自己制御のための認知資源はしばらくすれば回復するが，それまでの間は資源不足のために自己制御がうまく行えない。たとえば，おいしそうなチョコレートを食べるのを我慢させて，代わりにラディッシュを食べさせた実験参加者は，その後に行った難しいパズルの回答をあきらめるまでの時間が早かった（Baumeister, Bratslavsky, Muraven, & Tice, 1998）。

 1．キーワードに挙げられていることばについて説明してみよう。
2．自己呈示の各方略について，具体例を考えてみよう。
3．自己制御がうまくいったとき，うまくいかなかったときのことを思い出し，その原因について考えてみよう。

引用文献

Baumeister, R. F., Bratslavsky, E., Muraven, M., & Tice, D. M. (1998). Ego depletion: Is the active self a limited resource? *Journal of Personality and Social Psychology, 74*, 1252-1265.

Bem, D. J. (1972). Self perception theory. In L. Berkowitz (Ed.), *Advances in experimental social psychology* (vol.6, pp.1-62). NY: Academic Press.

Derlega, V. J., Margulis, S. T., & Winstead, B. A. (1987). A social-psychological analysis of self-disclosure in psychotherapy. *Journal of Social and Clinical Psychology, 5*, 205-215.

Duval, S., & Wicklund, R. A. (1972). *A theory of objective self awareness*. Oxford, England: Academic Press.

Fenigstein, A., Scheier, M. F., & Buss, A. H. (1975). Public and private self-consciousness: Assessment and theory. *Journal of Consulting and Clinical Psychology, 43*, 522-527.

Goffman, E. (1959). *The presentation of self in everyday life*. Garden City, NJ: Doubleday Anchor.

Higgins, E.T. (1997). Beyond pleasure and pain. *American Psychologist, 52*, 1280-1300.

James, W. (1892). *Psychology: Briefer Course*. NY: H. Holt & Co.

Jones, E. E., & Pittman, T. S. (1982). Toward a general theory of strategic self-presentation. In J. Suls (Ed.), *Psychological Perspectives on the Self* (vol.1, pp. 231-262). Erlbaum, Hillsdale.

Jourard, S. M. (1971). *Self-disclosure: An experimental analysis of the transparent self*. NY: Wiley-Interscience.

Leary, M. R., & Kowalski, R. M. (1990). Impression management: A literature review and two-component model. *Psychological Bulletin, 107*, 34-47.

中村陽吉 (1990). 「自己過程」の社会心理学　東京大学出版会

Pennebaker, J. W., & Beall, S. K. (1986). Confronting a traumatic event: Toward an understanding of inhabitation and disease. *Journal of Abnormal Psychology, 95*, 274-281.

Pennebaker, J. W. & O'Heeron, R. C. (1984). Confiding in others and illness rate among spouses of suicide and accidental-death victims. *Journal of Abnormal Psychology, 93*, 473-476.

Scheier, M. F., Fenigstein, A., & Buss, A. H. (1974). Self-awareness and physical agression. *Journal of Experimental Social Psychology, 10*, 264-273.

Tice, D. M. (1992). Self-concept change and self-presentation: The looking glass self is also a magnifying glass. *Journal of Personality and Social Psychology, 63*, 435-451.

Wegner, D. M., Schneider, D. J., Carter, S. R., & White, T. L. (1987). Paradoxical effects of thought suppression. *Journal of Personality and Social Psychology, 53*, 5-13.

Wilson, T. D. (2002). *Strangers to ourselves: Discovering the adaptive unconscious.* Cambridge, MA, US: Belknap Press/Harvard University Press.（ウィルソン，T. 村田光二（監訳）自分を知り，自分を変える―適応的無意識の心理学―　新曜社 2005年）

Zimbardo, P. G. (1969). The human choice: Individuation, reason, and order versus deindividuation, impulse, and chaos. *Nebraska Symposium on Motivation, 17*, 237-307.

参考文献

安藤清志（1994）．『見せる自分／見せない自分―自己呈示の社会心理学（セレクション社会心理学1）』サイエンス社

ウィルソン，T.　村田光二（監訳）（2005）．『自分を知り，自分を変える―適応的無意識の心理学―』新曜社

押見輝男（1992）．『自分を見つめる自分―自己フォーカスの社会心理学（セレクション社会心理学2）』サイエンス社

ペネベーガー, J. W.　余語真夫（訳）『オープニングアップ―秘密の告白と心身の健康』北大路書房

8 | 対人関係

《目標・ポイント》 社会的動物である人間は，日々他者との関係性のなかで生活をしている。本章では，私たちがどのような人に魅力を感じ，どのように関係を築いていくのか，また，対人関係は私たちの生活にどのような効用をもたらしているのだろうかなど，対人関係にまつわる社会心理学的事象について考えていく。

《キーワード》 対人関係，対人魅力，社会的交換，社会的スキル，ソーシャル・サポート，社会的ネットワーク

1. 対人魅力

　私たちは，どのような人に魅力を感じ，好意を覚えるのだろうか。「どうしてあの人が好きなのか」と問われれば，多くの人は，その人の性格など内面的な属性を理由として挙げるかもしれない。しかし第2章でも触れたように，私たちが他者に対して抱く印象は，相手から得られる情報によって単純に築き上げられたものではない。同様にして，私たちが他者に感じる魅力（対人魅力という）にも，対象の特徴だけに還元することができない様々な要因が関係している。

（1）近接性と熟知性
　事物にせよ，人にせよ，新規な対象に繰り返し接触すると，その対象への好意は徐々に増していく。これを単純接触効果という（Zajonc,

1968：第3章参照）。たとえば，よく行くコンビニエンスストアの店員
に対しては，特に会話を交わさなくとも，親近感を覚え，好意を抱くこ
とがあるだろう。

　物理的に近くにいる人は，顔を合わせる機会が多いため，最初によほ
ど否定的な印象を持たない限り，単純接触効果によって，好意を持つ可
能性が高くなる。学生用アパートメントでの友人関係を調べた研究では，
互いに部屋が近い者ほど友人関係になりやすいことが示されている
(Festinger, Schacter, & Back, 1950)。興味深いことに，同じ階の隣室
の住人はもちろんのこと，階が違っても，階段のそばの部屋などで顔を
合わせる機会が多い者同士は友人になりやすい傾向があった。これは裏
を返せば，「去る者は日々に疎し」ということでもある。

（2）類似性／相補性

　「類は友を呼ぶ」ということばがあるように，自分とよく似た特徴を
持つ他者には魅力を感じやすい。たとえば，出身地，経歴，社会的地位，
性格，価値観，態度などが似た他者は，そうでない他者よりも好かれや
すい傾向がある。

　なかでも，特定の事物，人物に対する態度（第5章参照）は，類似し
ているほど，好意が持たれやすい（類似性―魅力仮説）。これは自分と
同じ態度を持つ人がいることで，その態度の支持や確証が得られ，一種
の報酬として機能するためだと考えられている（Byrne & Nelson,
1965）。たとえば，自分が好きなタレントを同じように好きな人がいれ
ば，やはりそのタレントは素晴らしいのだと確信を持つことができるし，
特定の政治的信条に自分と同じように反対する人がいれば，自分の信念
の正しさを確認することができるだろう。一方で，類似した態度を持つ
者との相互作用は，そうでない者との相互作用よりも，認知的な負担が

軽減されることも魅力を感じる要因となっているとされる。類似した他者との相互作用では互いの行動が予測しやすいため，良好な関係を維持しやすい。

　もちろん，自分にない部分を補ってくれそうな人に魅力を感じることもある。しかし性格については，相補的な性格が好まれることがあるものの，態度については類似した態度を持つ他者の方が好まれやすいようである。また後述のように，関係の比較的早い段階においては，相補的な他者よりも類似した他者の方が好まれやすい。

（3）外見的魅力

　見た目が良い人は，魅力を感じられやすい傾向がある。ただし，それは単に格好いいから，美しいからという表面的な評価からだけでなく，外見への評価が，内面の評価にも波及するためである。第2章で説明したように，外見が良い人はハロー効果により，思いやりがある，ユーモアがある，知性がある，仕事ができるなど性格や能力が高く評価されるため，魅力を感じられやすい。

（4）返報性（互恵性）

　好意や魅力はしばしば双方向的である。すなわち一方が相手を魅力的だと感じ，好意を示せば，その相手も好意を示してくる場合が多い。これを好意の返報性（第5章参照）という。

　人は誰しも，他者から受け入れられることを望んでいる。他者から好意を示されることは，その人から受け入れられることであり，また肯定的な評価を受けることでもある。これは自尊感情の維持・向上にも有効であり（第6章参照），大きな恩恵となるため，そのお返しとして自分からも好意を示すのだと考えられている。したがって自尊感情が低いと

き，すなわち自信を失っているときに寄せられる好意は，特に恩恵と捉えられやすく，好意の返報性が強く働く。ただし，好意の返報性は負の方向にも働きうる。つまり，他者から示された嫌悪は，同じく嫌悪として相手に返されるということである（嫌悪の返報性）。なお，前章で紹介したように，返報性は自己開示においても見られ，自己開示の返報性が次節で述べるような対人関係の進展にも寄与している。

2. 対人関係の過程

（1）対人関係の進展

　私たちは，日々の生活のなかで多くの人に出会う。しかし，そのなかで関係性を深めていく人はごくわずかである。それでは，どのようにして対人関係は進展していくのだろうか。対人関係進展のプロセスをモデル化したSVR理論（Murstein, 1977）は，関係性の発展を3つの段階に分け，各段階で重要となる要因を挙げている。それによると，初期に重要なのは外見，性格，行動，社会的評価の望ましさなど，相手から受ける刺激（Stimulus）である。先に示した要因と対応づけると，近接性・熟知性や，外見的魅力が関係する段階と言える。しかし中期になると，徐々に相手と考え方や趣味が似ているかという価値観（Value）が重要になってくる。態度の類似性が重視される段階である。さらに後期になると，役割（Role）を分担し，相手ができないこと，苦手なことを補う相補性が重視される段階に移行していく。返報性が重要視されるのはこの段階だろう。

（2）関係性の維持と崩壊

　次に，一旦形成された対人関係が維持されたり，崩壊したりする様子

126

について見ていこう。この段階のプロセスを説明する理論として，よく知られるのが社会的交換理論である。この理論では，人間は基本的に利己的であるとの前提のもと，対人的相互作用を財の交換としてとらえる。交換される財は，具体性と個別性の次元から図8-1のように分類される（Foa, E. B. & Foa, U. G., 1976）。具体性とはその財が具体的な形を持つ程度を，個別性とは誰から受け取ったかによって財の価値が変わる程度を表している。たとえば，金銭は誰から受け取っても価値が変わらず個別性が低いのに対し，愛は誰から受け取るかによって価値が大きく変わるため，個別性が高い財である。一般的な経済活動では，具体性が高く，個別性が低い財が交換されるのがふつうだが，対人間で交換される財は具体性が低く，個別性が高いことが特徴である。この社会的交換理論を土台として，関係性の維持・崩壊について，次のようなモデルが提案されている。

(a)　衡平モデル

　私たちは，他者と交換する財の価値が等価であるとき，すなわち自分

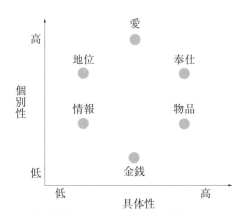

図8-1　社会的交換理論における財の構造（Foa & Foa, 1976）

fig. 1 from Uriel G. Foa "Interpersonal and Economic Resources" Science 29 Jan 1971: Vol. 171, Issue 3969, pp.345-351.

が投入したコストと報酬の比率が同じであるときに公正だと感じ，それ
を受け入れる（Adams, 1965）。そのため，自他の報酬とコストにつり
合いがとれているときに，関係性が継続するとするのが衡平モデルであ
る。このモデルでは，衡平な関係がもっとも幸せや喜びを感じ，関係が
持続することを予測する（Walster, Berscheid, & Walster, 1973）。実際，
対人関係では自分のほうが得をしていれば罪悪感を覚え，反対に自分が
損していると思えば，不満や怒りを感じる。関係が不衡平な場合，衡平
状態を回復するための努力が投じられることもあるが，それが難しい場
合には関係自体が解消される。

(b)　投資モデル

　投資モデルでは報酬が大きいと関係を継続しようとする意思（コミッ
トメント）が高まるものの，そこに①関係満足度，②これまでその関係
にどれだけの時間や労力を投資してきたか（投資量），③他に魅力的な
代替関係が存在しないか（選択比較水準）という３つの要因が関係する
と考える（Rusbult, 1980）。このモデルでは仮に満足度が低かったとし
ても，それまでに相手に注ぎ込んだ投資が大きい場合や，代替関係から
得られるであろう利得が小さい場合には，現在の関係性を維持しようと
することが予測される。

(c)　互恵モデル（返報性の規範）

　繰り返し述べているように，人間には他者から得た恩恵に対して，お
返しをしなくてはならないという返報性（互恵性）の規範がある。この
暗黙の規範の存在ゆえに，互恵モデルでは相手から何らかの報酬を得る
と，それにより関係満足度が上昇する一方で，相手にコストをはらうと
いう義務感が高まると仮定する。すなわち，互恵を伴う相互循環関係に
よって関係性の維持を説明する（奥田, 1994）。

⒟　共同的関係

　ここまでは社会的交換理論をもとにして関係性の維持について考えてきたが，家族，恋人，親友といった親密な対人関係では，相手からの見返りを期待しない共同的関係が成立する（Clark & Mills, 1979）。共同的関係においては，信頼や相互扶助，相手の必要に応じた報酬の提供や，自己犠牲的なコストの投入が起きることが知られている。

　なお，関係性の測定には，図8-2に示すようなIOS尺度（Inclusion of Other in the Self scale：Aron, Aron, & Smollan, 1992）がしばしば用いられる。この尺度では，親しい関係であるほど，自己と他者との重なりが大きい図が選択される。これは自己の心的表象のなかに，他者の表層が包含されていることを示しており，このような状況では，自他の混同が生じている（第6章の重要他者を参照）。すなわち，相手に尽くすことは，自分に尽くすことと同等の価値を持つために，見返りを期待しない関係性が成立するのだと考えられる。なお，IOS尺度は個人間の関係性の認知だけでなく，所属集団（内集団）との一体感を測定する場

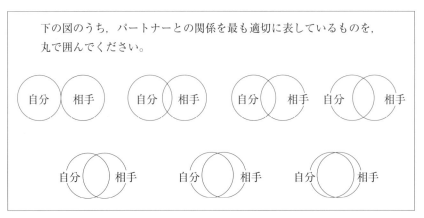

図8-2　IOS 尺度（Aron et al., 1992）

合に用いられることもある（第11章参照）。

（3）関係葛藤への対処

　どのような関係性であっても，行き違いや意見の対立によって，葛藤が生じることがある。葛藤が生じたときに，どのように対処するかということも，関係性の維持においては重要な観点である。ラズバルトは関係葛藤への対処行動を，積極的―消極的，建設的―破壊的という2つの次元によって4つに分類した（Rusbult, 1987）。このうち，建設的な対処行動は，それが積極的な「話し合い」（例：問題について話し合う）であれ，消極的な「忠誠」（例：状況が改善するのを願う）であれ，関係性の継続につながるが，破壊的な対処行動の場合，積極的な「別れ」（例：関係を解消する）だけでなく，消極的な「無視」（例：相手を無視する）も関係性に否定的な影響を与える。全体として積極的な対処行動は，消極的な対処行動よりも影響力が大きいことが明らかにされている。

（4）社会的スキル（ソーシャル・スキル）

　他者とよい関係性を築き，維持していく能力には個人差もあり，社会的スキルと呼ばれている。社会的スキルがどのようなスキルであるかをめぐっては多くの議論があるが，相川（2000）は「対人場面において，個人が相手の反応を解読し，それに応じて対人目標と対人反応を決定し，感情を統制したうえで対人反応を実行するまでの循環的な過程」と定義している。また社会的スキルを構成する要素として，人の話を聴くスキル，自分を主張するスキル，対人葛藤に対処するスキルの3つを挙げている。社会的スキルの不足は孤独感や抑うつと関係があることが指摘されているが，重要なのは，社会的スキルは練習次第で向上させられると

いうことである。不適応のある人を対象に適切で効果的な社会的スキルを体系的に教えようとする行為を社会的スキルトレーニング（SST：Social Skill Training）という。

3. 対人関係の効用

（1）社会的孤立と心身の健康

　社会的スキルの不足が孤独感や抑うつと関係していることからもわかるように，対人関係の不全は心身の健康と深く関係している。これは人間が社会的動物であり，生存や繁殖のためには集団に所属する必要があったからかもしれない。ソシオメータ理論（第6章参照）を提唱するバウマイスターとレアリーは，所属欲求こそが人間にとって根源的な欲求だとしている（Baumeister & Leary, 1995）。

　実際，社会的孤立は私たちの心身の健康を蝕む可能性が指摘されている。たとえば，バークマンとサイムは，カリフォルニア州アラメダ郡での9年に及ぶ追跡調査の結果から，社会的なつながりの少ない人は死亡リスクが高いことを明らかにしている（Berkman & Syme, 1979）。彼らは，調査対象を①結婚をしているか，②親しい友人や親せきとの接触はあるか，③教会に所属しているか，④公的，非公的なグループとのつながりはあるか，という基準によって4群に分け，社会的なつながりの多寡により調査期間内の死亡率が異なるかを比較した。その結果，年齢，性別にかかわらず，社会的に孤立している者ほど死亡率が高いことが明らかになった。彼女らの推定によれば，社会的なつながりが最も少ない人々（第1群）は，最も多い人々（第4群）に比べ，男性で2.3倍，女性で2.8倍も死亡リスクが高かった。

　類似の調査はその後いくつも行われており，それらを統合的に分析し

た研究（メタ分析）によれば，社会的孤立は高血圧や肥満，運動不足，喫煙に匹敵する危険因子だとされている（House, Landis, & Umberson, 1988）。ただし孤独感には個人差があり，客観的には孤立しているようであっても，孤独を感じていない人もいるし，その反対に，表面的には他者とのつながりが多く，社会的孤立の程度が低いように見える人でも孤独感が強い場合もある。興味深いことに，このような主観的な孤独感は，上記のような客観的指標（他者との接触頻度など）によって測定された社会的孤立と同程度に，健康リスクを予測することが明らかにされている（Holt-Lunstad, Smith, Baker, Harris, & Stephenson, 2015）。

（2）ソーシャル・サポート（社会的サポート）

　対人関係が心身の健康に及ぼす影響を扱う研究は，ソーシャル・サポート研究と総称される。ソーシャル・サポートは，次章で扱う援助行動と関連が深いが，援助行動の研究においては，見知らぬ他者への関わりが研究対象となっていることが多いのに対し，ソーシャル・サポート研究では既存の人間関係が主な研究対象である（松井・浦，1998）。そのため，研究手法としても，前項で紹介したバークマンとサイムの研究のように，既存の対人関係と心身の健康との関係を調べた調査研究が多い（対照的に援助行動の研究では，実験室のような人工的な環境での実験が多い）。

　ソーシャル・サポートは，その機能的な側面から道具的サポートと情緒的サポートに大別される。道具的サポートとは，問題解決を直接的に促すために必要な資源（金銭や労力）を提供することである。一方，情緒的サポートとは，共感や励まし，慰めなど，否定的感情の制御を促すものを指す。ときには，友人がただ傍らにいることによって，不安が軽減され，情緒の安定がはかられることもあるだろう。

　このように，ソーシャル・サポートは，心身の健康を維持・増進する方向に働きかける。そのメカニズムを考えるとき，ソーシャル・サポートには，ストレス緩和効果と直接効果の2種類があるとされる（Cohen & Wills, 1985）。ストレス緩和効果とは，良好な対人関係によって，ストレス源（ストレッサー）の影響が緩和されるというものである。ストレスは，心身の平衡状態（ホメオスタシス）を崩し，その回復には様々な資源が必要となる。その外部資源となるのが，ソーシャル・サポートである。良好な対人関係を持つ人ほど，道具的サポートや情緒的サポートが得られるため，ストレス反応が和らいだり，問題を解決したりすることができる。またストレスを受ける以前の段階，すなわち，ストレス源となりそうな事象をいかに評価するかという段階でも，良好な対人関係を持つ人は，ストレッサーを過剰に深刻にはとらえず，適切に評価することができる。そのため，心身の健康に与える影響の程度を最小限にとどめることができる。

　一方でソーシャル・サポートは，より直接的な効果ももたらす。ストレッサーの有無やその程度にかかわらず，ソーシャル・サポートは私たちの心身にポジティブな影響をもたらすということである。既述のように，所属欲求こそが人間にとって根源的な欲求なのだとすれば，良好な対人関係はそれだけで心身の健康を促進することが期待できる。

（3）社会的ネットワーク

　私たちは誰しもが複数の対人関係を持ち，そうした関係性は社会全体で網の目のような構造を成している。これを社会的ネットワークという。社会的ネットワークは，社会関係資本（ソーシャル・キャピタル）と呼ばれるある種の資源を有していると考えられている。それは，ひとことでいえば，社会のつながりや人間関係の豊かさを示すものであり，物的

資本（経済的な豊かさを示す）や，人的資本（教育によってもたらされる知識や技能などを示す）と並ぶ，重要な資本である。

　社会関係資本という概念を一躍有名にした政治学者のロバート・パットナムによれば，社会関係資本とは「人びとの協調行動を活発にすることによって社会の効率性を高めることのできる，信頼，互酬性規範，ネットワークといった社会組織の特徴」のことである（Putnam, 1993, 2000）。そしてこれら3つの要素がうまくかみ合うことで，社会システムが円滑に運営されるとしている。

　ただしここで注意したいのは，社会関係資本の醸成には負の側面も存在するということである。パットナム（Putnam, 2000）は，社会関係資本を結合型と橋渡し型の2種類に分類している。このうち結合型社会関係資本とは，特定の集団の内部における人と人との結びつきに基づくものであり，私たちが集団の結束としてとらえる類いのものである。このような社会関係資本は，同質的で内部志向的な性質を持つため，集団内部では助け合いの精神が育まれ，連帯意識が強化される。したがって，集団の内部では社会関係資本の恩恵を受けやすい。しかし結合型社会関係資本は，外部に対して閉鎖的，排他的になりやすく，集団間の葛藤が頻発する（第11章参照）。また集団内部の者に対しても，集団としての種々の規範を守ることへの圧力が強く，相互監視によって個人の自由が制限される危険性もはらんでいる。

　他方，橋渡し型の社会関係資本は，異なる集団間の人を結びつける外部志向的な性質を持つものである。結合型とは異なり，集団内部での結束はさほど強くないが，異なる集団に対して開放的である。したがって，この種の社会関係資本が豊かな社会では，他者一般に対する信頼が高く，自分が誰かを助ければ，（助けた相手以外の）誰かから助けてもらえるといった一般化された互酬性規範（返報性，互恵性の規範）が形成され

ていく（第11章参照）。したがって，社会全体に恩恵をもたらすのは，橋渡し型の社会関係資本だといえるだろう。

　このことに関連して，「弱い紐帯の強さ」という興味深い仮説がある（Granovetter, 1973, 1983）。これはグラノヴェッターが，転職経験がある人に行った調査の結果に基づいて提出した仮説で，紐帯とは人と人との結びつきのことを指している。すなわち，「弱い紐帯の強さ」とは，結びつきの弱い人的つながりが，むしろ強い力を発揮するという一見すると逆説的な可能性についての仮説である。彼が行った調査によると，転職の際に有益だった情報源として，調査対象の半数以上の人が人的なつながりを挙げたが，その人物との接触頻度は必ずしも高くはなく，時々会う（年に２回以上，週１回以下）が約55.6％，まれに合う（年に１回以下）が約27.8％であった。頻繁に会う他者は，自分が属しているのと同じ集団（内集団）に属している可能性が高く，共有する情報も多い。それに対し，頻繁に会うことのない他者は異なる集団に属しているため，日常では接することがない新規な情報を有しているからだと考えられる。このようにして，弱い紐帯を持つ他者はときに強力なソーシャル・サポートの源（特に道具的サポート）となると考えられる。

学習課題
1. キーワードに挙げられていることばについて説明してみよう。
2. あなたが魅力を感じる人物を思い浮かべ，どのような要因が魅力を高めているかを考えてみよう。
3. これまでに誰からどのようなタイプのソーシャル・サポートを受けたことがあるかを考えてみよう。

引用文献

Aron, A., Aron, E. N., & Smollan, D. (1992). Inclusion of other in the self scale and the structure of interpersonal closeness. *Journal of Personality and Social Psychology, 63,* 596-612.

Adams, J. S. (1965). Inequity in social exchange. *Advances in Experimental Social Psychology, 2,* 267-299.

相川　充 (2000). 人づきあいの技術—社会的スキルの心理学　サイエンス社

Baumeister, R. F., & Leary, M. R. (1995). The need to belong: Desire for interpersonal attachments as a fundamental human motivation. *Psychological Bulletin, 117,* 497-529.

Berkman L. F., & Syme S. L. (1979). Social networks, host resistance, and mortality: A nine-year follow-up study of Alameda County residents. *American Journal of Epidemiology, 109,* 186-204.

Byrne, D., & Nelson, D. (1965). Attraction as a linear function of proportion of positive reinforcements. *Journal of Personality and Social Psychology, 1,* 659-663.

Clark, M. S., & Mills, J. (1979). Interpersonal attraction in exchange and communal relationships. *Journal of Personality and Social Psychology, 37,* 12-24.

Cohen, S., & Wills, T. A. (1985). Stress, social support, and the buffering hypothesis. *Psychological Bulletin, 98,* 310-357.

Festinger, L., Schachter, S., & Back, K. (1950). Social pressures in informal groups: *A study of human factors in housing.* Stanford, CA: Stanford University Press.

Foa, E. B., & Foa, U. G. (1976). Resource theory of social exchange. In J. W. Thibaut, J. T. Spence, & R. C. Carson (Eds.), *Contemporary topics of social psychology* (pp.99-131). Morriston, NJ: General Learning Press.

Granovetter, M. (1973). The strength of weak ties. *American Journal of Sociology, 78,* 1360-1380.

Granovetter, M. (1983). The strength of weak ties: A network theory revisited. *Sociological Theory, 1,* 201-233.

Holt-Lunstad, J., Smith, T. B., Baker, M., Harris, T. & Stephenson, D. (2015).

Loneliness and social isolation as risk factors for mortality: A meta-analytic review. *Perspectives on Psychological Science, 10*, 227-237.

House, J. S., Landis, K. R., & Umberson, D. (1988). Social relationships and health. *Science, 241*, 540-545.

松井　豊・浦　光博 (1998). 援助とソーシャル・サポートの研究概略　松井　豊・浦　光博 (編) 人を支える心の科学 (pp.1-17) 誠信書房

Murstein, B. I. (1970). Stimulus value role: A theory of marital choice. *Journal of Marriage and the Family, 32*, 465-481.

奥田　秀宇 (1994). 恋愛関係における社会的交換過程―公平，投資，および互恵モデルの検討　実験社会心理学研究, 34, 82-91.

Putnam, R. D. (1993). *Making democracy work: Civic tradition in modern Italy.* Princeton, NJ: Princeton University Press. (河田　潤一 (訳) 哲学する民主主義：伝統と改革の市民的構造 (叢書「世界認識の最前線」) NTT 出版　2011年)

Putnam, R. D. (2000). *Bowling alone: The collapse and revival of American community.* NY: Simon and Schuster. (柴内　康文 (訳) 孤独なボウリング：米国コミュニティの崩壊と再生　柏書房　2006年)

Rusbult, C. E. (1980). Commitment and satisfaction in romantic associations: A test of the investment model. *Journal of Experimental Social Psychology, 16*, 172-186.

Rusbult, C. E. (1987). Responses to dissatisfaction in close relationships: The exit-voice-loyalty-neglect model. In D. Perlman & S. Duck (Eds.), *Intimate relationships: Development, dynamics, and deterioration* (pp.209-237). Thousand Oaks, CA: Sage Publications, Inc.

浦　光博 (1992). 支えあう人と人―ソーシャル・サポートの社会心理学 (セレクション社会心理学 8)　サイエンス社

Walster, E., Berscheid, E., & Walster, G. W. (1973). New directions in equity research. *Journal of Personality and Social Psychology, 25*, 151-176.

Zajonc, R. B. (1968). Attitudinal effects of mere exposure. *Journal of Personality and Social Psychology Monograph Supplement, 9*, 1-27.

参考文献

相川　充（2000）.『人づきあいの技術―社会的スキルの心理学（セレクション社会
　心理学）』サイエンス社

浦　光博（1992）.『支えあう人と人―ソーシャル・サポートの社会心理学（セレク
　ション社会心理学8）』サイエンス社

奥田　秀宇（1997）.『人をひきつける心―対人魅力の社会心理学（セレクション社
　会心理学17）』サイエンス社

9 対人行動

《目標・ポイント》 私たちが他者に対して行う行動には，社会的にみて望ましいものと望ましくないものがある。本章では，反社会的行動の代表である攻撃行動と，向社会的行動の代表である援助行動を取り上げ，これらの行動がいかに実行され，抑制されるかを考える。また，より日常的な対人行動として対人コミュニケーションを取り上げ，それにまつわるトピックについて概説していく。
《キーワード》 対人行動，援助行動，攻撃行動，言語コミュニケーション，非言語コミュニケーション，スモールワールド

1. 攻撃行動

　対人行動は，それが社会的に望ましいものか否かという点から反社会的行動と向社会的行動に大別することができる。反社会的行動の典型には攻撃行動を挙げることができる。

（1）攻撃行動の形態
　攻撃とは「他者に危害を加えようとする意図的行動」と定義される（大渕，2011）。しかしひとくちに攻撃と言っても様々な形態がある。殴る，蹴るといった身体的攻撃が思い浮かべられやすいが，悪口を言うなどして相手を言語的に傷つける行為（言語的攻撃）も攻撃である。また，自らが攻撃を加える能動的攻撃（積極的攻撃）もあれば，相手を拒絶し

たり，無視したりする受動的攻撃（消極的攻撃）もある。さらに攻撃していることが相手にわかるように攻撃する直接的攻撃と，自分が攻撃していることが相手にわからないようにして攻撃する間接的攻撃といった分類もある。後者の例としては，相手の所有物を破壊したり，悪い噂を流したりするといったものが挙げられる。また攻撃には，相手を傷つけること自体を目的とした攻撃（敵意的攻撃）のほか，別の目的を達成するための手段として，攻撃を利用するものもある。これを道具的攻撃という（後述）。

（2）攻撃行動を説明する代表的理論

　攻撃行動は，なぜ起こるのであろうか。攻撃の生起メカニズムについては，これまでに多くの理論仮説が提出されてきたが，代表的なものとして以下の3つが挙げられる。

(a)　本能説

　1つ目は，攻撃行動を引き起こす衝動を人間が生まれつき持ち合わせているとする理論仮説で，精神分析学者のフロイトによる攻撃本能論がよく知られている。また立場は異なるものの，動物行動学者のローレンツも，動物には攻撃中枢があり，食欲や性欲が発動するのと同じように，攻撃性に関する衝動が内発的に高まるのだとしている。

(b)　欲求不満―攻撃仮説

　欲求不満―攻撃仮説では，攻撃行動の背景に欲求不満（フラストレーション）があると考える（Dollard, Miller, Doob, Mowrer, & Sears, 1939）。欲求不満とは，目的の達成が阻害されたときに生じる不快感情のことで，それを発散するために攻撃行動が生じる。すなわち，この仮説では，攻撃の衝動は外部の刺激によって喚起されると考えられ，その点で攻撃衝動を本能的，内発的なものと仮定する本能論とは大きく異な

る。この仮説によれば，攻撃行動の目的は，欲求不満を引き起こした問題の解決ではなく，不快感情の解消にある。そのため，時には欲求不満とは因果的に無関係な対象に攻撃が向けられることがあり，たとえそうであったとしても不快感情は低減する（カタルシス効果がある）。

(c) 学習説

　学習説では，攻撃行動は観察学習によって生じると仮定する。その根拠としてよく知られるバンデューラの実験（Bandura, Ross, & Ross, 1963）では，子どもに他者の攻撃行動の様子を観察させると，それが直接的な観察であっても（目の前で大人が人形を叩いたり，蹴ったりする），メディアを介した間接的なものであっても（大人が人形に暴力をふるうようすをビデオで見せたり，乱暴なネコが人形に暴力をふるうというアニメを見る），子どもが攻撃行動を模倣することが示された。学習説は，暴力的なテレビ映像の視聴や暴力的ビデオゲームをすることが攻撃性を増加させるという主張の根拠として，しばしば持ち出される。

(d) 一般攻撃モデル

　このように様々な攻撃行動のモデルが提出されるなか，現在のところ最も統合的なモデルが図9-1に示す一般攻撃モデル（GAM: General Aggression Model）である（Anderson & Bushman, 2002a）。このモデルでは，攻撃行動が生じるまでのプロセスを3つの段階でとらえている。第一段階は攻撃の先行因にあたる入力段階であり，ここには個人要因と状況要因の両者が関係すると仮定する。第二段階は入力された刺激が個人の内的状態（認知・感情・覚醒）に影響する段階であり，たとえば，不快な出来事は敵意的な思考や怒り感情を生み，血圧や心拍を増大させるなどの変化を引き起こす。こうした内的状態の変化は，第三段階の状況評価と意思決定に影響し，それによって衝動的に，あるいは熟慮の末に攻撃行動として出力される。

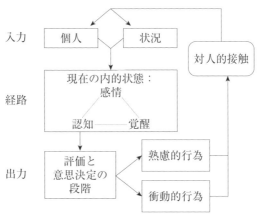

図 9 - 1　一般攻撃モデル（Anderson & Bushman, 2002a）

（3）攻撃行動を促進する要因

　一般攻撃モデルが仮定しているように，攻撃行動を促進する要因には個人的なものと状況的なものがある。

(a)　個人要因

　攻撃行動に個人差があることは数多く指摘されている。たとえば，性別については，男性は女性よりも攻撃的であると一般には認識されているが，メタ分析の結果によると，全体としては男性のほうが女性よりも攻撃的だといえるがその差は大きくなく，研究によって一貫しないという（Eagly & Steffen, 1986）。また，男性は身体的攻撃をする傾向が強いのに対し，女性では心理的，社会的な危害を与えるような攻撃が目立つことも報告されており，男性と女性では，攻撃の種類が異なることも指摘されている。

　自尊感情（第6章参照）も，かつては低いことが攻撃行動につながるとされていたが，近年は高すぎることの弊害が指摘されている。特にナルシシズムとも称される肥大した，不安定な自尊感情を持つ者は，自尊

感情が低下する危機にさらされた際に攻撃行動を表出しやすい（Baumeister & Boden, 1998）。また敵意性の原因帰属（第3章参照）には認知バイアスがあり，攻撃的な子どもは他者の行動の原因を敵意的な意図（悪意）に求めやすい（敵意的帰属バイアス）（Nasby, Hayden, & DePaulo, 1980）。

(b) 状況要因

　状況要因も様々なかたちで，攻撃行動を促進する。たとえば，高い気温，混雑（密集），騒音，大気汚染など，不快な環境事象が攻撃行動を促進することが多くの研究で報告されている。また，視界に銃などの凶器があると，それだけで攻撃行動は誘発される（Berkowitz & Lepage, 1967）。コンテンツや技術的な変化が著しいため，明確な結論を出しにくいのが実情だが，暴力的なテレビ映像の視聴や暴力的ビデオゲームで遊ぶことを攻撃行動の危険因子として指摘する研究者もいる（Anderson & Bushman, 2001, 2002b）。

　さらに既述のように，欲求不満を募らせるような目標妨害は攻撃行動を促進する。また次節で説明するように，攻撃には社会的な機能があるため，他者からの攻撃や支配，侮辱や挑発に対しては，攻撃行動が発動されやすい。その他，第7章で紹介したような没個性化の状況では，攻撃行動の抑制が阻害されやすい。

（4） 攻撃の社会的機能と名誉の文化

　既述のように，攻撃行動のなかには，相手を傷つけるためではなく，別の目的を達成するために行われるものがある。すなわち，攻撃はそれ自体に様々な機能的価値があると考えられる。このうち，大渕（1987, 2011）は特に対人的・社会的な機能に着目し，①回避・防衛としての攻撃（他者の攻撃を回避し，自己を防衛するための攻撃），②強制として

の攻撃（他者の態度や行動を意図した方向に強制的に変化させるための攻撃），③制裁としての攻撃（規範を逸脱した者，被害の責任を負う者を制裁するための攻撃），④印象操作としての攻撃（体面を保ったり，相手に特定の印象を与えるための攻撃，第7章の自己呈示を参照）の4つを挙げている。

このうち4つ目の機能に関連して，「名誉の文化」と呼ばれる興味深い概念が提唱されている。これは，アメリカ南部での殺人率が他の地域の3倍に上ることを説明するために考案された概念で，自らの強さ，男らしさについての評判が脅かされることに南部の男性が強い危機意識を持っていることと，侮辱に対して暴力で応じるといった慣習が多いことを含意している。ニスベットとコーエンによれば，このような文化が出来上がったのは，かつて南部に入植してきた人々が牧畜を生業としていたことに遡るという（Nisbett & Cohen, 1996）。牧畜社会は，農耕社会に比べ，生活の糧である家畜を容易に盗まれる可能性が高い。しかも，入植当初の法による統治が確立していない生活環境では，自衛のために「相手になめられないこと」が死活問題であった。それゆえ，強い男性を印象づけるため，侮辱に対して暴力で応じるという慣習ができあがり，もはや牧畜社会ではない現代においても，その文化が受け継がれているというのである。ニスベットとコーエンは，社会心理学的な実験のほか，様々な統計資料を駆使して，この仮説を検証している。

2.　援助行動

次に，向社会的行動の典型である援助行動について考えていこう。援助行動とは，少なくとも表面的には，外的な報酬や見返りを期待せず，自発的に人を助ける行動のことである。「少なくとも表面的には」とし

たのは，援助行動が利他的な動機に基づくものなのか，利己的な動機に基づくのかについては，根深い議論があるからである（後述）。

（1）キティ・ジェノヴィーズ事件

　社会や人を害する攻撃行動に比べ，援助行動のような向社会的行動は一般にも，また学問的にも注目を浴びにくい。社会心理学においても，援助行動が注目され，活発に研究されるようになったのは，ある特異な事件がきっかけだった。俗にキティ・ジェノヴィーズ事件と呼ばれるこの事件は，1964年にニューヨークで起きた同名の女性（Kitty Genovese）の殺害事件を指す。当時20代後半であったキティは帰宅途中，自宅アパートのそばで暴漢に襲われ，30分以上にわたって執拗に暴行された。暴行の現場は住宅地であったことから，その叫び声は近隣住民に届き，報道によれば38名の住民が何らかのかたちでこの事件に気がついていたとされる。しかし女性の悲鳴を聞き，部屋の電灯をつけたり，窓を開けて様子をうかがったりした住民はいたものの，彼女が息絶える直前まで誰一人として，暴行を止めようとした者はおらず，そればかりか，警察に通報する者さえいなかったという（ただし，キティ・ジェノヴィース事件の経過や38人の行動については，誇張や歪曲がある可能性も指摘されている；Manning, Levine, & Collins, 2007）。

　このような話を聞くと，私たちはその原因をニューヨークという都会に住む人々の冷淡さや他者に対する関心の低さに，つい求めたくなる。しかし，それはおそらく基本的な帰属のエラー（第3章参照）であろう。たとえば，人通りの多い通りや駅でうずくまっている人を見かけた場合，あなたは，すぐに駆け寄って声をかけることができるだろうか。実際，キティ・ジェノヴィーズ事件後に行われた数々の実験によって，人の援助行動は，その人を取り囲む他者が多いほど抑制されることが明らかに

されている（Latané, & Darley, 1970）。これを傍観者効果という。すなわちキティ・ジェノヴィーズは，38人もの住民が気づいていたのに，助けられなかったのではなく，38人もの住民が気づいていたからこそ，助けられなかったと考えられる。

（2）傍観者効果を促す要因

　傍観者が多いほど援助行動が抑制されるのはなぜだろうか。そこには次のような要因が関係している。

(a)　責任の分散

　傍観者がいる状況で援助行動が抑制される第一の理由は，責任の分散が起きるからである。私たちは，誰かが援助を求めている場に立ち会うと，その人を助けなければならないという責任を感じるが，その現場に，自分以外の人が傍観者として居合わせていれば，責任はほかの人にもあるはずだと感じられる。そして，その人数が多くなればなるほど，自分一人あたりにかかる責任の程度は少なく感じられ，何も自分が助けなくても誰かが助けるだろうといった考えに陥りやすい（第10章の社会的手抜きも参照のこと）。責任の分散は，非難の分散と言い換えることもできる。誰かが援助を求めていることを自分しか知らなければ，それを無視した場合に，他者からの非難を一身に浴びる可能性がある。しかしほかに傍観者が大勢いれば，自分が受ける非難はその分だけ少なくなる。

(b)　評価懸念

　第二に考えられる要因は評価懸念である。これは文字どおり，他者からの評価を気に懸けることであり，援助行動に限らず，他者が存在する場面では，他者の目にどのように映るかを気にしながら私たちは行動している。したがって，自分がとるべき行動が明白でない場合，周囲に他者がいるほど自発的な行動が抑制される。評価懸念は第10章で紹介する

規範的影響とも強く関係している。先走った行動はその場の暗黙の社会
規範を破る可能性があり，自分ではよかれと思ってとった行動でも，他
者からの非難や排斥を招くことが予想されるため，抑制されやすい。

(c)　集合的無知

　しかし大勢の他者が周囲にいる場合，実は，まったく同じことを，周
辺の人々も考えている可能性がある。そして私たちが，ある状況におい
て，そこでとるべき適切な行動がわからないとき，指針とされるのが他
者の行動である（第10章の情報的影響を参照）。しかし誰もが他者の行
動を参照していた場合，そこでは奇妙なことが起こる。というのも，評
価懸念がつきまとうような状況においては，他者の行動を指針するとい
っても，露骨に他者の行動を参照する者はいないからである。このよう
な場合，その場の状況を適切に把握できていない人同士が互いを参照し
合うこととなり，結局，誰も状況の緊急性を正しく評価できないといっ
た事態が生じる。あるいは他者の平然とした様子を見て特別な状況では
ないと確証し合うこととなる。このように周囲にいる他者のほとんどが
実際には自分と同じように感じたり，考えたりしているにもかかわらず，
他の人たちは自分とは異なる感情や思考を持っていると取り違えてしま
うような状況を集合的無知（もしくは多元的無知）という。

（3）援助行動が生じるプロセス

　以上のように緊急事態で援助行動が発動されるまでには，様々な要因
が関与する。これをラタネとダーリー（Latané & Darley, 1970）は，
次のような意思決定プロセスとしてモデル化している（図9‐2）。

　第一段階は，緊急事態に注意を向ける気づきの段階である。緊急事態
が発生したとき，そこに居合わせた人が何か深刻なことが起こっている
ことに気づくためには，注意を向けなければならない。それは，人の注

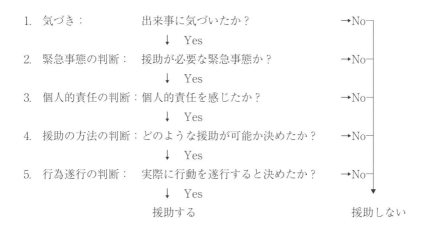

図 9 - 2　援助行動が生じるプロセス（Latané & Darley（1970）をもとに作成）

意は選択的であり，自分を取り巻くあらゆる事象に常に注意を向けているわけではないからである。しかし傍観者が大勢いると，注意が拡散し，緊急事態が発生していること自体に気づかないことがある。

　第二段階は，緊急事態であると判断する段階である。何かが起きていることに気づき注意を向けたとしても，それが援助の必要な緊急事態であると判断されなければ，援助行動は起きない。既述のように集合的無知が起きるような状況では，本来は緊急を要するような状況であっても緊急事態だと認識されないことがある。

　第三段階は，個人的責任の度合いが決定される段階である。目の前の状況が緊急事態だと判断したとしても，その事態をどの程度，自分に責任のある事態と認識するかによって，援助という介入行動が起きるかどうかは変わる。既述のように傍観者が大勢いるような状況では，責任の分散が起きやすいため，誰もが自分には責任がないと感じてしまう。

　第四段階は，介入様式（援助の方法）が決定される段階である。すな

わち，自分には援助すべき責任があると自覚した場合には，今度はどのような介入ができるかを考えなければならない。介入の手段を知らなければ，あるいは必要な介入行動を思いつかなければ，援助行動は生じない。援助すべきと思っても，自分に何ができるかがわからない，あるいは自分ではどうすることもできないと思えば，介入には至らないということである。

　最後は，ようやく介入を決断し，実行する段階である。この段階に至れば，多くの場合，援助行動の実行が選択されるが，評価懸念が生じたり，コストに見合うだけの利益がないといった推測が働くと，抑制されることもある。

　上記のプロセスは，単方向のものではなく，現実には，各段階を行きつ戻りつしながら，援助行動を実行するか否かが決断される。このように援助行動は多くの意思決定段階から成り立っているため，緊急時の援助行動を促進するには，肯定的決断を阻む要因をいかに取り除くかが鍵となる。

（4）援助行動の動機

　しかし様々な阻害要因があるにもかかわらず，人はごく日常的に，親しい他者にはもちろんのこと，それまでに会ったことがない人に対して援助行動をしているというのもまた事実である。援助行動の多くは，労力や金銭といった自己犠牲を伴う。にもかかわらず，たとえば，東日本大震災のような大きな災害が起きたとき，多くの人が寄付をしたり，ボランティアをしに現地に駆けつけたりして，被災者を助けようとするのはなぜだろうか。

　援助行動をめぐっては，それが純粋に利他的な動機から生じるものなのか，利己的な動機から生じるものなのか，未だ議論が続いている。援

助行動をした当人にその動機を尋ねることは容易だが，その回答が真の
動機を反映しているとはいえないことが問題を複雑化している。なぜな
ら援助者は単に社会的に望ましい回答をしているだけの可能性もある
し，そもそも当人が真の動機を自覚していない可能性もあるからである。
たとえば，緊急事態に陥っている他者を見て援助する場合，それは他者
の苦痛を緩和するためなのだろうか，それとも苦しそうな他者の姿を見
ることによって，自らのなかに喚起された不快感情を緩和するためなの
だろうか。後者の場合にはむしろ利己的な動機に基づいているといえる
が，それを自覚的に区別することは難しい。

（5）　被援助者からの援助要請

　さて，援助行動は援助を受ける側の立場から考えたとき，どのような
意味を持つものなのだろうか。ソーシャル・サポート（第 8 章参照）の
例からわかるように，他者からの支援や援助は，一般的には当事者の心
身の健康にポジティブな影響を与えるものである。にもかかわらず，私
たちは援助の要請を控えたり，拒んだりすることがある。これはなぜだ
ろうか。

　援助要請を阻害する要因の 1 つは心理的負債感，すなわち「借りがあ
る」という感覚である。人には借りは返さなければならないという返報
性（互恵性）の規範があるため，心理的負債感は不快感情を生む。そこ
で不快感情が生じることを嫌って，援助要請が控えられる（Greenberg
& Westcott, 1983）。

　自尊感情への脅威も，援助要請を阻害する主要な要因である。人は自
己評価を維持・高揚したいという自己高揚動機を持っている（第 6 章参
照）。援助を要請するということは，当該の問題を解決する能力がない
と相手に思わせたり，自分でそれを認識したりすることになる。これは

自尊感情を維持・高揚することに対し脅威となりかねないことである。そのため，援助要請を控えるだけでなく，時にはせっかく援助を申し出てくれた人を否定的に評価したり，防衛的な振る舞いを見せることもある（Nadler & Fisher, 1986）。

3. 対人コミュニケーション

（1）対人コミュニケーションの種類と機能

　最後に，より一般的な対人行動として，対人コミュニケーションを取り上げておこう。

　他者とコミュニケーションをする際，互いの考えや意図は直接，観察することができないため，人に何かを伝えたければ，それを相手にもわかるような記号に置きかえて，伝えることが求められる。一方，受け手はその記号を解読することで，相手の考えや意図を推し測ることとなる。人間のコミュニケーションにおいて，もっとも特徴的なのは，この記号に言語が用いられることである。すなわち，言語コミュニケーションが誤解なく成立するには，双方が記号の意味，すなわち言語の意味を共有していることが前提となる。しかし会話が成立するにはそれだけでは不十分で，言語哲学者のグライスによれば，会話には以下のような格率（maxim）が存在している（Grice, 1975）。話し手は暗黙裡にこのルールに則って話をし，聞き手も話し手がこのルールに則って話をするだろうと信じるからこそ，言語コミュニケーションは成り立つのである。

　a．量：要求に見合うだけの情報を与えるような発言を行い，要求されている以上の情報を与えるような発言を行ってはならない。

　b．質：嘘だと思うことを言ってはならないし，十分な証拠のないことを言ってはならない。

　ｃ．関係：関連性のあることを言いなさい。

　ｄ．様態：曖昧な言い方，多義的な言い方をせず，簡潔な言い方，整然とした言い方をしなさい。

　一方で私たちは，言語以外にも様々なチャネルを通じて対人コミュニケーションを行っている。表 9 - 1 に示した様々なコミュニケーション・チャネルのうち，2)以降はすべて非言語コミュニケーションである。これらのチャネルを組み合わせて対人コミュニケーションを行うことで，私たちは単に情報を伝達することにとどまらず，相手に親密さを表出したり（例：微笑みかけることで相手に親しみを伝える），対人相互作用を調整したり（例：着席位置を変えることで相手との関係性を調整する），相手をコントロールしたりしようとする（例：相手を説得する

表 9 - 1　対人コミュニケーションのチャネル（大坊，1998）

音 声 的　┌ 1 ）言 語 的（発言の内容・意味）
　　　　　└ 2 ）近言語的（発言の形式的属性）
　　　　　　　　ａ．音響学的・音声学的属性
　　　　　　　　　（声の高さ，速度，アクセントなど）
　　　　　　　　ｂ．発言の時系列的パターン
　　　　　　　　　（間のおき方，発言のタイミング）

非音声的　┌ 3 ）身体動作
　　　　　│　　　ａ．視線
　　　　　│　　　ｂ．ジェスチャー，姿勢，身体接触
　　　　　│　　　ｃ．顔面表情
　　　　　│ 4 ）プロクセミックス（空間の行動）
　　　　　│　　　対人距離，着席位置など
　　　　　│ 5 ）人工物（事物）の使用
　　　　　│　　　被服，化粧，アクセサリー，道路標識など
　　　　　└ 6 ）物理的環境
　　　　　　　　　家具，照明，温度など

ために相手を見つめたり，声の高さを変える）。また，医者が患者の身体に触れて安心させる場合のように，サービスや仕事上の目標を促進するために，コミュニケーションが用いられることもある（Paterson,1983）。

（2）情報の伝達

情報の伝達は，対人コミュニケーションの最も基本的な目的だが，情報は人を介して伝達することで，徐々に変容していく。オルポートとポストマン（Allport & Postman, 1947）は，一人の実験参加者にのみ何らかの状況を描いた絵を見せ，その絵に描かれた状況を順に他者に伝えるように求めると，平均化（leveling），強調化（sharpening），同化（assimilation）という3つの変化が生じるとしている。平均化とは，情報が伝達されるに従って，情報の細部が徐々に省略され，説明が単純で平易なものになっていく現象で，反対に，強調化は残された情報が徐々に誇張されていくという現象である。最後に同化とは，伝達者の先入観に沿う方向に情報が歪められる現象で，これらの変化により情報は元の姿から変容していくことになる。

（3）スモールワールド

もし世界中の人々のなかから無作為に2名を取り出したとして，その一方から他方に情報を伝達するとすれば，何名の人を介する必要があるだろうか。このようなユニークな問いに答えたのが，スタンレー・ミルグラムのスモールワールド実験である（Milgram, 1967; Travers & Milgram, 1969）。この実験では，無作為に選ばれた起点人物に，やはり無作為に選ばれた目標人物の名前と居住地，属性を伝えた。そして自分よりも目標人物を知っていそうな知人ひとりだけに手紙を送るように依

頼し，チェーンレターの要領で手紙をつないだ。その結果，アメリカの
ネブラスカ州に住む起点人物からボストンの目標人物に到達するまでに
中継した人数の平均は5.2名だった（図9-3：ただし，目標人物に到達
しなかった手紙も多かった）。ミルグラムは，類似の実験を複数回行い，
いずれもおおよそ5人を介して6ステップで目標の人物にたどり着くと
いう結果を得た。このことから，互いに面識のない2名の間にあるのは，
わずか「6次の隔たり」だとしている。日常生活のなかでも，思いがけ
ないところで共通の知人に出会い，世間は狭い（スモールワールド）と
感じることがあるが，ミルグラムの実験はそれを実証的に示したものと
いえるだろう。最近では，電子メールでも同様の実験が行われており，
そこでも5〜7ステップで目標人物に到達したことが報告されている
（Dodds, Muhamad, & Watts, 2003）。

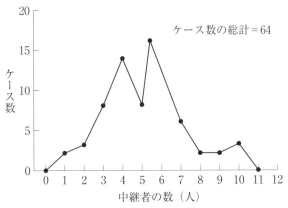

図9-3　スモールワールド実験の結果（Travers & Milgram, 1963）

1. キーワードに挙げられていることばについて説明してみよう。
2. たとえば，人ごみのなかで気分が悪くなり，救急車を呼んでほしいというような状況に陥ったとき，どうしたら傍観者効果を生じさせることなく，周囲の人に援助してもらうことができるだろうか。援助行動が生じるプロセスを念頭に置きながら，具体策を考えてみよう。
3. 小説の一節などを使って，友人と情報伝達の実験（伝言ゲーム）を行ってみよう。平均化，強調化，同化といった現象が生じるだろうか。

引用文献

Allport, G. W., & Postman, L. (1947). *The psychology of rumor.* NY: Holt, Rinehart & Winston. (南博（訳）1952　デマの心理学　岩波書店)

Anderson, C. A., & Bushman, B. J. (2001). Effects of violent video games on aggressive behavior, aggressive cognition, aggressive affect, physiological arousal, and prosocial behavior: A meta-analytic review of the scientific literature. *Psychological Science, 12,* 353-359.

Anderson, C. A., & Bushman, B. J. (2002a). Human aggression. *Annual Review of Psychology, 53,* 27-51.

Anderson, C. A., & Bushman, B. J. (2002b). The effects of media violence on society. *Science, 295,* 2377-2378.

Bandura, A. Ross, D., & Ross, S. A. (1963). Imitation of film-mediated aggressive models. *Journal of Abnormal and Social Psychology, 66,* 3-11.

Baumeister, R. F., & Boden, J. M. (1998). Aggression and the self: High self-esteem, low self-control, and ego threat. In R. G. Geen & E. Donnerstein (Eds.), *Human aggression: Theories, research, and implications for social policy* (pp.111-137). San Diego, CA: Academic Press.

Berkowitz, L., & Lepage, A. (1967). Weapons as aggression-eliciting stimuli. *Journal of Personality and Social Psychology, 7,* 202-207.

大坊郁夫 (1998). しぐさのコミュニケーション―人は親しみをどう伝えあうか（セレクション社会心理学14）　サイエンス社

Dodds, P. S., Muhamad, R., & Watts, D. J. (2003). *An experimental study of search in global social networks. Science, 301* (5634), 827-829.

Dollard, J., Miller, N. E., Doob, L. W., Mowrer, O. H., & Sears, R. R. (1939). *Frustration and aggression.* New Haven, CT: Yale University Press.

Eagly, A. H., & Steffen, V. J. (1986). Gender and aggressive behavior: A meta-analytic review of the social psychological literature. *Psychological Bulletin, 100,* 309-330.

Greenberg, M. S., & Westcott, D. R. (1983). Indebtedness as a mediator of reactions to aid. In J. D. Fisher, A. Nadler & B. M. DePaulo (Eds.), *New directions in helping* (vol. 1., pp.85-112). NY; Academic Press.

Latané, B., & Darley, J. M. (1970). *The unresponsive bystander: Why doesn't he help?* NY: Appleton-Century Crofts. (ラタネ, B. ダーリー, J. M. 竹村研一・杉崎和子（訳）冷淡な傍観者—思いやりの社会心理学　ブレーン出版　1997年)

Manning, R., Levine, M., & Collins, A. (2007). The Kitty Genovese murder and the social psychology of helping: The parable of the 38 witnesses. *American Psychologist, 62,* 555-562.

Milgram, S. (1967). The small world problem. *Psychology Today, 2,* 60-67.

Nadler, A., & Fisher, J. E., (1986). The role of threat to self-esteem and perceived control in recipient reactions to aid: Theory development and empirical validation. *Advances in Experimental Social Psychology, 19,* 81-122.

Nasby, W., Hayden, B., & DePaulo, B. M. (1980). Attributional bias among aggressive boys to interpret unambiguous social stimuli as displays of hostility. *Journal of Abnormal Psychology, 89,* 459-468.

Nisbett, R. E., & Cohen, D. (1996). *Culture of honor: The psychology of violence in the South.* Boulder, CO: Westview Press.

大渕憲一 (1987). 攻撃の動機と対人機能　心理学研究, 58, 113-124.

大渕憲一 (2011). 人を傷つける心—攻撃性の社会心理学（セレクション社会心理学9）　サイエンス社

Paterson, M. L. (1983). *Nonverbal behavior: A functional perspective.* NY: Springer-Verlag.

Travers, J., & Milgram, S. (1969). An experimental study of the small world problem. *Sociometry, 32*, 425-443.

参考文献

大坊郁夫 (1998). 『しぐさのコミュニケーション―人は親しみをどう伝えあうか (セレクション社会心理学14)』サイエンス社

ラタネ, B. ダーリー, J. M. 竹村研一・杉崎和子 (訳) (1997). 『冷淡な傍観者―思いやりの社会心理学』ブレーン出版

大渕憲一 (2011). 『人を傷つける心―攻撃性の社会心理学 (セレクション社会心理学9)』サイエンス社

高木修 (1998). 『人を助ける心―援助行動の社会心理学 (セレクション社会心理学7)』サイエンス社

10 | 社会的影響と集団力学

《目標・ポイント》　他者はただ存在するだけでも，私たちの態度や行動に影響を与えるが，多数派や何らかの社会的勢力を持った他者はさらに大きな影響力を持つ。このように他者から受ける影響を社会的影響という。また人が複数集まり集団を形成すると個々人の特性の総和では説明できないような力学が生まれることがある。本章では，社会的影響と集団力学について概説する。

《キーワード》　社会的影響，社会的促進，同調，服従，集団力学，集団浅慮，集団極性化

1．社会的促進と社会的手抜き

　第1章で紹介した社会心理学の定義からもわかるように，社会心理学は，第一義的には，「私たちが社会（他者の存在）からどのような影響を受けているのか」を探求する学問である。そのため，初期の社会心理学では，私たちの思考，感情，行動が，他者の存在によって，どのように左右されるのかを調べる研究が多数行われた。こうした一連の研究は社会的影響の研究と呼ばれている。社会的影響は，説得のように他者の意図的な働きかけに基づくものもあるが（第5章参照），他者は，ただ存在するだけでも，私たちの態度や行動に様々な影響を及ぼしうる。

（1）社会的促進

　社会的影響の最も典型的な例として社会的促進を挙げることができる。これは他者が傍らにいる状況では個人の遂行成績が向上するという現象で，社会心理学の歴史において最も古い実験とされるトリプレットの研究（Triplett, 1898）がよく知られている。トリプレットはリールに糸を巻きつけると，巻きついた分だけ旗が進む実験器具を自ら開発して，少年少女を対象に実験を行った。そして，旗がゴールにたどり着くまでのタイムを，単独で行う場合と二人で競争させる場合とで比較したところ，競争試行でより速いタイムを出す子どもの数が多かったことから，他者の存在は個人の成績を促進すると結論づけ，動機づけが上昇したためだと推測した。社会的促進は，その後も多くの研究によって確認され，トリプレットの実験のように他者が同じ課題（作業）を同時に行う状況だけでなく（共行為効果），他者が単なる観察者として存在するような状況においても生じる（観衆効果）ことが明らかにされている。

　一方で，研究が進むにつれ，他者の存在が個人の遂行をむしろ抑制する場合があることも明らかになり，こちらは社会的抑制と呼ばれている。それでは，どのような場合に社会的促進が起こり，どのような場合に社会的抑制が起きるのだろうか。ザイアンスは，トリプレットの研究が報告されたおよそ70年後，それまでに行われた研究をレビューし，動因仮説を唱えた（Zajonc, 1965）。この説によれば，他者が存在すると，それだけで人を行動に駆り立てる動因や覚醒水準が高まるが，一般に覚醒水準が高まった状態では，その個体が持つ反応レパートリーのなかで上位にある反応（優勢反応）が出現しやすくなる。その結果として，慣れている作業や単純な課題など，普段から失敗が少ないことを行うときには，他者の存在が遂行を促進するが（作業効率が上がったり，正確さが高まったりする），慣れていない作業や難しい課題では遂行が抑制されると

いう。社会的促進のプロセスをめぐっては，この説のほか，他者から評価されるのではないかという評価懸念（第9章参照）が介在しているという説や，他者の存在によって注意が散逸し，注意の限局化が生じることが関係しているという説もある。しかし単純な課題では社会的促進が起こり，複雑な課題では社会的抑制が起こるというザイアンスの主張は，約20年後に行われたメタ分析でも支持されている（Bond & Titus, 1983）。

（2）社会的手抜き

　社会的促進や社会的抑制で焦点となるのは，個人の課題遂行だが，集団で1つの課題を遂行する場合には，しばしば社会的手抜きと呼ばれる現象が生じる。たとえば，一人で大声を出したり，拍手をしたりする場合よりも，集団で大声を出したり，拍手をしたりする場合のほうが，一人あたりの音の大きさは小さくなる（Latané, Williams & Harkins, 1979）。これは主に，複数の人によって課題が遂行されると，一人一人が負うべき責任が小さくなる（責任の分散，第9章参照）からだと考えられている。フランスの農学者リンゲルマンは，すでに20世紀初頭に綱引き，荷車を引く，石臼を回すなどの集団作業時に一人あたりの作業量が減ることを報告しており（Ringelmann, 1913），このことから社会的手抜きはリンゲルマン効果と呼ばれることもある。

2. 同　調

（1）多数派への同調

　他者はどのような存在であれ，存在するだけで私たちの態度や行動に影響を与えるが，それが多数派を占める集団だった場合，より強い影響

を及ぼす。ソロモン・アッシュ（Asch, 1955）は，実験参加者に対して，図10‐1に示すような2枚のカードを見せ，左のカードに描かれた線分と同じ長さの線分を，右のカードに描かれた3本の線分から選ぶという課題を実施した。この課題は7〜9名の集団で行われ，参加者はテーブルの端に座った者から順に一人一人答えることが求められたが，そのうち本物の実験参加者は1名のみであり，残りはすべて実験の意図を知るサクラであった。課題は単独で行えば，正答率が99％以上というきわめて簡単なものだった。しかし，18ある課題のうち12の課題で，サクラがあらかじめ示し合わせた誤答をしたところ，本物の実験参加者の約75％が少なくとも1回，サクラと同様の誤答をした。すなわち，多数派への同調が起きたのである。

　のちの研究から，同調は次の2つの影響のいずれか，もしくは両方が作用して生じることが指摘されている（Deutsch & Gerald, 1955）。

(a)　情報的影響

　人はどのようなことであれ，できるだけ正しい判断をしたいという動機を持っている。しかし自身では，正しい判断をするための情報を十分

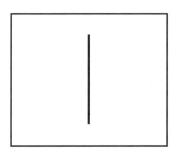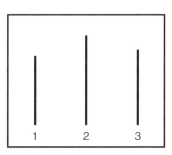

図10‐1　同調実験で使われた問題の例

に持ち合わせていない場合，他者の行動や判断は有用な情報と考えられるため，同調が促される。アッシュの実験では，サクラの中に一人でも本物の実験参加者と同じ回答をする者がいると同調率が激減する。これは情報的影響の影響力が低下するためと考えられる。

(b)　規範的影響

　同調は他者の行動を暗黙の規範とみなし，他者から拒絶されることを避けるために生じる場合もある。規範を無視することは，他者から非難されたり，排斥されたりする可能性を生むからである。アッシュの実験は，互いに見知らぬ者同士で行われていたが，集団成員が既知の間柄であったり，特に親しい仲間同士（集団凝集性が高い集団，第11章参照）であったりした場合には，こうした規範的影響の力はさらに強まることが知られている。

　なお，同調をしたからといって，多数派の意見を完全に受容し，内面化しているとは限らない。そこで多数派の意見に本心から同意して生じる同調を私的受容による内面的同調，本心では同意していないのだが，表面上多数派に合わせる場合を公的受容による外面的同調として区別することがある。上記の2種類の影響との関連でいうと，多数派から情報的影響を受けている場合には内面的同調が起こりやすいが，規範的影響を受けている場合には外面的同調となりやすい。外面的同調の場合，多数派の影響力のない場面では異なる意見を表明したり，異なる行動をとったりする。

（2）少数派の影響

　多数派による同調圧力はたしかに強力だが，時として少数派が強い影響力を持つことがある。モスコビッチらは，少数派の影響を示すため，アッシュの同調実験のちょうど裏返しのような実験を行っている

（Moscovich, Lage, & Naffrechoux, 1969）。実験参加者は4名の真の実験参加者と2名のサクラからなる6名の集団の中に入れられ，次々に呈示される36枚のスライドの色を判断するよう求められた。それらは明度が異なるものの，ほとんどすべての人が「青」と答える色だったが，2名のサクラが繰り返し「緑」と答えたところ，真の実験参加者の8.42％にサクラと同じように「緑」と回答する者が現れた。すなわち，たとえ少数派であっても異論を唱え続ける他者がいると，その言動が情報的影響をもたらし，多数派に少数派への同調を促すと考えられる。ただし，そのためには，少数派が一貫して異論を述べ続けることが重要である。実際，36枚のスライドに対してすべて「緑」と答えるのではなく，24枚を「緑」，12枚を「青」と答えた場合には，少数派の答えに影響される参加者の割合は1.25％へと減少した。

　なおこの実験では，一連の課題を終了した後，別の実験と称して，改めて真の実験参加者に単独で類似の色判断を求めている。そうしたところ，表面的には少数派の影響を受けたようには見えなかった実験参加者でも，知覚の基準が少数派の意見の方向にずれていることが明らかにされた。実験を経験する以前よりも「緑」とみなす知覚領域が広がっていたのである。このように少数派の一貫した意見は，時に多数派による影響よりも内面的な同調になりうることがある。

3. 服従と社会的勢力

（1）権威への服従

　影響力を行使する他者が一人しかいない場合であっても，その人物が権威を持つ者であった場合，強い影響力を持つことも明らかにされている。スタンレー・ミルグラムが行った俗に「権威への服従」と呼ばれる

実験（Milgram, 1974）では，「記憶の実験」という名目のもとで集めら
れた実験参加者が，教師として，生徒役の参加者（サクラ）に記憶の課
題を出し，間違ったら罰を与えることが求められた。罰は電気ショック
で，15ボルトから450ボルトまでの30段階があり，間違った答えをする
たびに1段階ずつ強い電気ショックを与えなければならなかった。電気
ショックの発生装置には，段階があがるほど生徒役の生命に危険を及ぼ
す可能性を示唆するラベルづけがされていた。また隣室にいる生徒役か
らも，電気ショックの強度があがるほど悲痛な叫び声が聞こえてきたが，
教師役の実験参加者は，実験者に促されると電気ショックを与え続けた。
もっとも標準的な実験では，40名の教師役のうち25名（全体の62.5％）
が，最高強度まで電気ショックを与え続けたことが報告されている。そ
れは，一般の人はもとより専門家（精神科医）の予測さえも裏切るもの
であった（図10 - 2）。このような結果が見られたのは，教師役である実
験参加者が，実験者を権威ある者と認識し，その指示に服従したからだ
とミルグラムは解釈している。なお，この実験の教師役の姿は，しばし
ばナチ政権下でユダヤ人を強制収容所へと移送する際の指揮官を務めた
アドルフ・アイヒマンになぞらえられる。そのために，アイヒマン実験
と称されることもある。

（2）社会的勢力

　権威への服従実験が明らかにしたように，社会的影響は，影響を及ぼ
し得る者が集団のなかで少数派か，多数派かということだけでなく，ど
のような立場にある者かということにも依存する。地位や役割などを背
景として，他者に自分の思いどおりの行動をとらせる潜在的な力がある
とき，これを社会的勢力という。たとえば，会社の上司は部下に賞罰を
与える権限を持つため，部下の判断や行動に影響力を及ぼすことができ

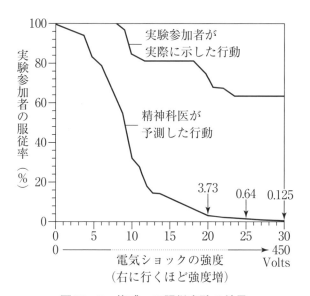

図10-2　権威への服従実験の結果
Reprinted with permission from AAAS.
Arranged through japan UNI Agency., Inc. Tokyo

る。このように被影響者の立場から見たときに（この場合，部下），賞
を与えることができる能力を①報酬（賞）勢力，罰を与えることができる
能力を②強制（罰）勢力という。社会的勢力にはこのほかにも，相手が専
門的な知識や技術を持つと認知するために影響される③専門勢力，文化
的・社会的な規範などを背景に，影響を行使する正当な権利を持ってい
ると見なされる④正当勢力，相手を尊敬し，理想としていることから，
その人と同じようになりたいと考え影響を受ける⑤参照（準拠）勢力など
がある（French & Raven, 1959; Raven, 1965）。権威への服従実験の場
合，実験者は教師役に対し，正当勢力や専門勢力を有していたと考えら
れる。

（3）社会的インパクト理論

　ラタネ（Latané, 1981）は，ある状況におかれた個人が他者から受ける影響（インパクト）の大きさは，①影響源（他者）の強さ，②影響源の数（人数），③影響源の近接性（空間的，時間的近さ）の3要因のかけあわせによって決まるという社会的インパクト理論を提唱している。したがって，多数派や社会的勢力を持つ他者は確かに強い影響力を持つが，影響源と被影響者の距離が遠い場合には，その影響力は小さくなることが予測される。また，多数の観察者が影響源として一人の被影響者を観察するときにはそのインパクトは強くなるが，一人の観察者が多数の人を観察するときには，その影響が分散されてインパクトは弱くなる。ラタネによれば，前者は社会的促進に，後者は社会的手抜きに対応する状況だという。

4.　集団力学

　ここまでの例からわかるように，人は他者から様々なかたちで影響を受けて行動をしている。そのため，複数の人々から成る集団においては，相互に影響を及ぼし合うことで，個々人の行動の集合としてだけでは記述できないような「場」が生まれる。このような心理学的な「場」に生まれる力について探求する学問をクルト・レヴィン（Lewin, 1947）は集団力学（グループ・ダイナミックス）と呼んでいる。

（1）集団凝集性

　集団には，その集団内に成員を留まらせる方向の力が働く。これを集団凝集性という（Festinger, Schachter, & Back, 1950）。凝集性が高い集団では，自分を集団の一員と見なす集団同一視の傾向が強いために，

次章で述べる内集団バイアスが起こりやすい。また成員間の影響力が強く，集団規範に沿った行動が見られやすい。これは集団凝集性が高い集団では，他の成員から排除されたくないという動機づけが高まるために規範的影響を受けやすいからだと考えられる。こうしたことから，集団意思決定の場面などでは望ましくない結果を生むこともある（後述）。しかし集団凝集性が高い集団では，集団の目標の達成に向けて成員どうしが協力的になるため，課題の遂行レベルが上がるなど，全般的には望ましい傾向が見られる。また以上のような傾向は双方向で見られ，たとえば，成員が協力し合い課題の遂行が上がると，成員にとってその集団はさらに魅力的になり，その集団に留まらせようとする力もさらに強くなる。

　なお初期の社会心理学では，一体感のある集団に集団の「心」を仮定し（集団心や集合心と呼ばれた），それがまるで1つの意思を持って行動しているかのように記述されることもあった。しかしフロイド・オルポート（Allport, F. H., 1924）は，このような考えは論理的に誤っているとし，集団錯誤と呼んで退けている。現代の社会心理学においても，こうした考え方は基本的に引き継がれている。

（2）集団規範

　同じ集団に属していると，成員は互いに似通ってくるようになる。これは集団成員の思考や行動の準拠枠となるような集団規範が形成され，それに従わせようとする力が集団内に働くためである。

　ムザファー・シェリフは，自動光点運動と呼ばれる錯覚を用いて，集団規範が形成，維持される様子を示している（Sherif, 1935）。自動光点運動とは，真っ暗な部屋の中で，小さな光点を凝視していると，実際には静止していても，次第にそれが動いているかのように知覚される現象

のことである。この実験では，まず参加者を一人一人暗室に入れ，光点がどの程度，移動しているかを繰り返し判断させた。その結果，人によって動いているように見える距離には個人差があることが明らかになった。次に，判断の値に差が見られる参加者2～3名を1組のグループにして，同時に暗室に入ってもらい，光点の移動距離を口頭で順に答えてもらうことを繰り返した。このように他者の判断が耳に入ってくる状態で，それぞれに判断を求めたところ，判断を繰り返すにつれ，当初は個人差が大きかった判断値が，次第に一定の範囲内に収まるようになり，そのグループ固有の判断値が生まれていった。

　このような判断の収束過程は，ある集団内で規範が形成していく過程によく似ている。規範とは，ある集団内でなすべきとされる，あるいはなすべきでないとされる行動や判断の規準のことであり，規則や法律のように明文化されたもののほかに，集団の中で暗黙のうちに共有されている社会規範などが含まれる。しかし，集団を構成するのは異なる個人的背景や価値観を持つ人々であるため，初めから適切な規範が形成されるわけではない。集団成員が互いの価値観を参照していく中で，次第に誰もが許容できる集団規範が形成されていくのである。卑近な例で言えば，特定の対象物（タレント，本，映画など）への態度（第5章参照）も，このような過程の中で収れんしていく。一人一人の好みはばらばらでも，集団内で互いの好みを表明する中で，その集団としての好みや評価が確立していくのである。

　興味深いことに，シェリフの実験では，集団内での判断をさせた後，個別に光点の移動距離を判断する機会を設けると，集団内で回答した際の判断値が維持される傾向があることが示されている。当初は，個人によって大きく異なったはずの判断が，一旦，集団内で収れんすると，その後もそれぞれの個人の中に持続していくのである。規範や価値観も，

このようにして維持されていくものと考えられる。

（3）集団浅慮

「3人寄れば文殊の知恵」ということわざがあるように，私たちはふつう，多くの人が意見を出し合えば，その相互作用によって，よりよいアイディアが生まれ，個人が行う判断よりも優れた判断ができると考えがちである。しかしアーヴィング・ジャニス（Janis, 1972）は，歴史上，誰もが失敗だったと言う政治政策が決定された過程を丹念に分析し，集団討議においては，合理的な決定を妨げる共通した思考形態が生じることがあると指摘している。これを，集団浅慮（または集団思考）という。ジャニスによれば，集団凝集性が高く，外部の意見に対して閉鎖的な集団においては，強力なリーダーが意見を示すと，他の集団成員がほかの選択肢を考えなくなる。また異なる意見を持った者がいたとしても，集団全体の結束が乱れることを恐れて意見の表明が控えられるため，あたかも集団全体の意見が一致しているような錯覚に陥ることになる。結果として，討議に必要な情報が十分に収集されず，議論も尽くされないままに質の悪い決定がなされてしまうということである。

（4）集団極性化

集団による意思決定は，個人が行う意思決定よりも危険で冒険的なものになりやすいことも知られている。これをリスキー・シフト（危険な方向への移行）という（Stoner, 1961）。たとえば，ある研究（Wallach, Kogan, & Bem, 1962）では，実験参加者に架空のストーリーが提示される。そのストーリーは，リスクを伴うが成功すれば高い利益が得られるものと，安全だが利益はあまり得られないものとの間で，主人公がどちらを選ぶかを迷っており，実験参加者がその決断に対して助言を与え

るという設定である。具体的には，現在，安定した職を持ち，高額では
ないものの一定の給与と終身雇用を保証されている主人公が，現在の職
に留まるべきか，それとも成功すれば高給が得られる新しい仕事に転職
すべきかを迷っている場合や，重い心臓病にかかっている主人公が，成
功すれば完治するかもしれないが，失敗すれば命を落とすことになるか
もしれない大手術を受けるべきか迷っている場合などが描かれており，
実験参加者にはどの程度の成功確率であれば，リスクを伴う行動を主人
公に勧めるかが尋ねられた。その際，まず個人で判断をさせた後，6人
で討議をさせ，全員一致のルールの下で結論を出させると，集団の決定
は，討議前の個人の決定を集約したものより，リスクが高い決断をする
傾向があった。いわば，「赤信号，みんなで渡れば怖くない」といった
状態である。さらに実験参加者には数週間後に再び戻ってきてもらい，
今度は，個人で同じ判断をさせると，討議前に個人で行った決定よりも
リスクが高い決断をする傾向が見られた。これは，集団討議による意思
決定が個人の決定に影響を及ぼしていること，またその影響は数週間に
わたって持続していることを示している。

　ただし，その後の研究では，集団討議がむしろより慎重で保守的な結
論を生み出すという逆の現象が存在することも指摘されており，コーシ
ャス・シフト（安全な方向への移行）と呼ばれている。結局のところ，
討議の結論が危険な方向に向かうか，安全な方向に向かうかは，集団成
員の討議前の意見分布に依存しており，集団討議を行うと，もともと優
勢だった意見がより極端なものになるようである。このように集団討議
の結果が，より極端な方向にシフトすることを集団極性化（もしくは集
団分極化）と呼んでいる。集団での意思決定が常に問題のある結果を導
くわけではないが，集団成員の意思の総和ではないということには注意
したい。

1. キーワードに挙げられていることばについて説明してみよう。
2. 情報的影響による同調と規範的影響による同調の例を考えてみよう。
3. 集団での意思決定が間違った方向に行ってしまった例を思い浮かべ,その原因を考えてみよう。

引用文献

Allport, F. H. (1924). *Social psychology*. Boston: Houghton Mifflin Company.

Asch, S.E. (1955). Opinions and social pressure. *Scientific American, 193*, 35-35.

Bond, C. F. Jr., & Titus, L. J. (1983). Social facilitation: A meta-analysis of 241 studies. *Psychological Bulletin, 94*, 265-292.

Deutsch, M., & Gerard, H. B. (1955). A study of normative and informational social influences upon individual judgment. *The Journal of Abnormal and Social Psychology, 51*, 629-636.

Festinger, L., Schachter, S., & Back, K. (1950). *Social pressures in informal groups; A study of human factors in housing*. Oxford, England: Harper.

French, J. R. P., Jr., & Raven, B. (1959). The bases of social power. In D. Cartwright (Ed.), *Studies in social power* (pp.150-167). Institute for Social Research,.

Janis, I. L. (1972). *Victims of groupthink: A psychological study of foreign-policy decisions and fiascoes*. Oxford, England: Houghton Mifflin.

Latané, B. (1981). The psychology of social impact. *American Psychologist, 36*, 343-356.

Latané, B., Williams, K., & Harkins, S. (1979). Many hands make light the work: The causes and consequences of social loafing. *Journal of Personality and Social Psychology, 37*, 6, 822-832.

Lewin, K. (1947). Frontiers in group dynamics: concept, method and reality in social science; social equilibria and social change. *Human Relations, 1*, 5-41.

Milgram, S. (1974). *Obedience to authority: An experimental view*. NY: Harper & Row. (ミルグラム, S. 山形浩生 (訳) 服従の心理 河出出版 2008年)

Moscovici, S., Lage, E., & Naffrechoux, M. (1969). Influence of a consistent minority on the responses of majority in a color perception task. *Sociometry, 32*, 365-379.

Raven, B. H. (1965). Social influence and power. In D. Steiner, & M. Fishbein (Eds.), *Current studies in social psychology* (pp.371-381). Holt, Rinehart & Winston.

Ringelmann, M. (1913). Recherches sur les moteurs animés: Travail de l'homme. *Annales de l'Institut National Argonomique, 12*, 1-40.

Sherif, M. (1935). A study of some social factors in perception. *Archives of Psychology* (*Columbia University*), *187*, 60.

Stoner, J. A. F. (1961). *A comparison of individual and group decisions including risk.* Unpublished Master's thesis, School of Industrial Management, MIT.

Triprett, N. (1898). The dynamogenic factors in pacemaking and competition. *American Journal of Psychology, 9*, 507-533.

Wallach, M. A., Kogan, N., & Bem, D. J. (1964). Diffusion of responsibility and level of risk taking in groups. *Journal of Abnormal and Social Psychology, 68*, 263-274.

Zajonc, R. B. (1965). Social Facilitation, *Science, 149*, 269-274.

参考文献

本間道子 (2011). 『集団行動の心理学—ダイナミックな社会関係のなかで (セレクション社会心理学26)』サイエンス社

釘原直樹 (2011). 『グループ・ダイナミックス—集団と群集の心理学』有斐閣

11 社会的葛藤

《目標・ポイント》 対人関係や集団間関係は，両者の利害が影響し合う相互依存状況であり，利害の対立によって様々な葛藤が生じる。本章では，このような対人間および集団間の社会的葛藤が，どのような利害の構造や動機に基づいて生じるものかについて考察する。また特に会社などの組織のなかで生じる葛藤を解決する手段の1つとして，リーダーシップに着目する。
《キーワード》 社会的葛藤，社会的ジレンマ，内集団ひいき，最小条件集団パラダイム，リーダーシップ

1. 対人葛藤

（1）相互依存状況

　対人関係においては，しばしば相互依存の状況が生じる。相互依存とは，一方の利害が他方の利害を左右するような状況で，二者間の利害が対立するとき，そこには対人葛藤が生じる。その典型的な状況を描いたものとして，囚人のジレンマと呼ばれる次のようなストーリーがある。

　ある凶悪な犯罪の容疑者として，AとBという2名の容疑者が逮捕された。しかし警察は十分な証拠を持っておらず，この事件を立件するには，容疑者（囚人）自身による自白が必要である。そこで，取り調べにあたった警察官は，囚人たちに次のような取引を持ちかける。

　「早く自白をしたほうが得だぞ。2人ともが黙秘を続ければ，証拠不十分で2人の懲役は1年だが，もし自白をすれば，更正の余地があると

いう理由で，自白をした者は不起訴にしてやってもいい。この場合，自白をしなかった方は無期懲役だ。2人とも自白した場合には，それぞれ懲役10年というところだな。」

　この状況をまとめたものが図11-1である。2人の囚人には，それぞれ「自白する」と「自白しない」の2つの選択肢があるが，それぞれの囚人にとっては，相手がどのような選択をするかに関係なく，「自白する」のほうが「自白しない」よりも大きな利益を得られる。たとえば，相手が自白をしなかった場合，自分が自白をしなければ懲役は1年だが，自白すれば不起訴となる。また相手が自白をした場合，自分が自白をしなければ無期懲役だが，自白をすれば懲役は10年で済む。しかしもし2人ともが自白をしなければ懲役は1年で済むところ，互いに抜け駆けを図ろうとして2人ともが自白をすれば両者の懲役は10年になってしまう。

　このような場合，もしあなたが囚人の一方であったとしたら，どのような選択をするだろうか。既述のように冷静に考えれば，相手の選択にかかわらず，非協力（自白する）という選択をするほうが合理的であるし，実際に，これまでに行われてきた実験でも，多くの参加者が非協力

		囚人Aの選択	
		自白しない	自白する
囚人Bの選択	自白しない	1年 1年	不起訴 無期
	自白する	無期 不起訴	10年 10年

図11-1　囚人のジレンマゲームの例（各セルの右上が囚人A，左下が囚人Bの懲役を示している）

Reprinted with permission from AAAS.
Arranged through japan UNI Agency., Inc. Tokyo

を選択している。敢えて協力（自白しない）を選択するのは，向社会的動機が強い人など，一部の参加者に限られる。

　しかし囚人のジレンマゲームをたった1回だけ行う場合においては，協力は確かに不合理な選択だが，同じ相手と繰り返しこのゲームを行う場合には，協力は必ずしも不合理といえないことが明らかにされている。政治学者のアクセルロッドは世界中の研究者に働きかけ，囚人のジレンマゲームを同じ相手と繰り返し行う場合に有効と思われる戦略を提出してもらった。それをコンピュータ・シミュレーションで戦わせたところ，平均して良い結果がもたらされたのは，応報戦略（Tit-for-tat；しっぺ返し戦略ともいう）と呼ばれるものだった（Axelrod, 1984）。これは初回は必ず協力し，2回目以降は1つ前の回に相手がとったのと同じ選択をするという単純な戦略である。アクセルロッドによれば，応報戦略が有効なのは，①自分からは裏切らない上品さ，②相手の裏切りに対しては即座に反応する報復性，③一度裏切った相手でも協力するようになれば即座に反応する寛容性，④戦略の意図が相手からもわかりやすい明瞭性という4つの特徴を持つためだという。現実の対人関係（第8章参照）でも，同じ相手と交わされる相互作用が1回のみということはほとんどない。したがってそのような状況においては，知らず知らずのうちに，私たちもこのような応報戦略をとっていると考えられる。

（2）社会的ジレンマ

　囚人のジレンマは2者間の葛藤状況だが，3者以上の成員からなる集団内ではより複雑なジレンマが生じる。これを社会的ジレンマという。ハーディン（Hardin, 1968）は，その典型的な例を「共有地の悲劇」という次のような寓話で表現している。

　ある村に牧草地があり，そこは共有地として，村人であれば誰もが自

由に羊を放牧できるという状況を想像してみよう。自由に利用できるのだから，村人たちは自分の利益を増やすために，できるだけ多くの羊をその牧草地に放そうとするかもしれない。しかし，そのようにして村人たちが次々と羊を増やしていくと，一頭あたりの羊が食める草の量は減り，羊は痩せ，一頭の羊からとれる羊毛の量は当初よりもずっと減ってしまうことになるだろう。そうなったら，村人ひとりひとりは放牧する羊の数を減らすようになるだろうか。いや，むしろ羊の数を増やそうとすることも考えられる。自分が羊を減らしたところで，他の村人が増やしてしまえば，自分は損をするだけだし，羊一頭からとれる羊毛の量が減ったのであれば，羊の数を増やすことでその分を取り返そうと思うかもしれない。しかし，そのようにして村人ひとりひとりが自分の利益だけを考え，羊を増やし続ければ，やがて牧草地の草は根こそぎ食べつくされてしまう。

　このように社会的ジレンマ状況には，囚人のジレンマ状況と同じような構造が見られる。すなわち，集団成員それぞれが協力（この場合，羊の数を減らす），非協力（羊の数を増やす）のいずれかを選択することが可能で，個人の視点から見れば，協力を選択するより，非協力を選択するほうが利益は大きいが，集団成員の全員が非協力を選択すると，全員が協力を選択した場合よりも，個々人が受ける利益が小さくなってしまう（Dawes, 1980）。

　このような状況は，現実社会のなかにも多数見られる。たとえば，マグロの乱獲による漁獲高の減少は，公共財問題と呼ばれる社会的ジレンマの一種である。こうした公共財を維持するには相応のコストがかかるため，関係者が一致団結してコストを負担すべきである。しかし個人の立場から見れば，負担すべきコストを払わずにただ乗りしたほうが利益を得られる。一方このようなフリーライダー（ただ乗り）の存在を許す

と，他の関係者の協力意欲が低下し，公共財の枯渇を加速させるという負の連鎖を招いてしまう。囚人のジレンマのような2者間のジレンマ状況においては応報戦略が有効だと述べた。しかし，3者以上の利害が対立する社会的ジレンマ状況においては，その関係性が複雑化するため，応報戦略がうまく機能しない。社会的ジレンマの解決に何が有効かについては，いまも研究が進められている。

2. 集団間葛藤

次に，集団と集団との間に生じる葛藤（集団間葛藤）について見ていこう。

（1）集団に関する知覚的バイアス

私たちは，性別，人種，年齢など様々な社会的カテゴリーに基づいて，人を分類している。このようなカテゴリー化によって，集団が構成されると，その集団はあたかもまとまりをもった実体をもつものとして知覚され，同じ集団に属する成員は互いに類似していると知覚される（同化効果）。その一方で，異なる集団に属する成員との違いは過大に知覚される（対比効果）ようになる（Tajfel & Wilkes, 1963）。人の属性は本来連続的であり，集団内においてもばらつきがあるはずだが，集団をカテゴリーによって区別することで，集団間の差異が強調され，集団と集団の間が空白化する。結果として，ある集団に属する人は，他の集団とは全く異なる属性を共通してもっているかのように誇張して知覚される。

社会心理学では，自分が属している集団を内集団，属していない集団を外集団と呼んでいる。既述のように同じ集団に属する成員は互いに類

似していると知覚されるが，その程度は，内集団と外集団とでは非対称である。一般に外集団を構成する成員は，内集団よりも均質性が高いと見なされ，それと比べれば，内集団は多様な成員の集まりと見なされやすい。これを外集団同質性効果（外集団等質性効果，外集団均質化効果と訳される場合もある）という（Linville, Fischer, & Salovey, 1989; Mullen & Hu, 1989)。このように外集団成員は類似して見えるため，自分の人種の顔は認識しやすいのに，異なる人種の顔は区別できないという他人種効果（異人種間効果，自人種バイアスともいう）も生じる（Bringham, 1986)。

　外集団同質性効果が生じる原因の１つは，内集団と外集団では交流の程度に違いがあることが挙げられる。外集団の成員は，内集団の成員に比べ個人的に接触する機会が乏しいため，知っている個別事例が少ない。また外集団に関しては，個別の成員と接触するより前に，その集団に対して抽象的な知識（ステレオタイプ，第２章参照）を持っていることも多く，そのことが，本来は多様な属性をもつ外集団成員の個別理解を妨げる。またその結果として，外集団成員に対する単純化した印象の形成は，偏見やステレオタイプをさらに強化することにもつながる。なお，内集団の規模が著しく小さかったり，内集団が脅威にさらされたりした場合などには，内集団においても均質化が促進されることもあるが，稀である。

（2）内集団ひいき

　集団が内集団と外集団に区別されると，知覚レベルのバイアスに留まらず，内集団を外集団よりも優遇する内集団バイアスが生じる。これを内集団ひいきという。内集団ひいきは，内集団や内集団の成員を肯定的に評価したり，多くの報酬を分配したりすると同時に，外集団を冷遇す

る方向に働き，両集団の相対的な地位の差を拡大させる。そのため，自民族中心主義や外集団への偏見・差別を生み出す源泉となり，集団間葛藤をもたらす主要な原因になると考えられている。内集団ひいきの生起をめぐっては，様々な理論が提出されているが，ここでは主要なものを2つ紹介する。

(a) 現実的集団葛藤理論

　限られた資源をめぐって集団同士が競合する場合に，集団間に葛藤が生じるとする理論である。すなわち，集団間には利害対立があり，外集団は内集団の利益を脅かす存在だからこそ，内集団ひいきが生じるのだとするのがこの理論である。この理論の根拠として，よく持ち出されるのが，ムザファー・シェリフらが行ったサマーキャンプの実験（キャンプが行われた場所の名前からしばしば泥棒洞窟実験と呼ばれる）である（Sherif, Harvey, White, Hood, & Sherif, 1961）。心身ともに健康な少年が参加したサマーキャンプを利用して，集団間の葛藤の発生とその解消の過程を追った現場実験で，次の3つの段階から構成されている。

　第1段階は内集団を形成する段階である。少年は11名ずつ，2つの集団に分けられ，それぞれの集団は互いの存在を知らないままキャンプ生活を送った。この間，ハイキングなど様々な活動を通じて親睦を深め，集団内にはリーダーや規範，グループの名称（イーグルスとラトラーズ）やシンボル（団旗），独自の合図などができていった。

　第2段階は利害対立による集団間葛藤を導入する段階である。相手集団の存在を知らせ，対面させて，少年たちにとって魅力的な賞品（優勝カップなど）をかけたソフトボールや綱引きなどの対抗試合を催した。その結果，いずれの集団にも相手集団に対する敵対感情が生まれ，試合以外の場面でも罵倒をしたり，夜中に相手の団旗を燃やすなど，攻撃行動（第9章参照）がエスカレートしていった。一方で，集団内の志気や

集団凝集性（第10章参照）は高まり，当初は集団内での評価が低かった暴力性が高い少年がもてはやされるなど，集団のなかでの地位や役割は変わっていった。

　第3段階では，前段階で生じた集団間葛藤を解消する試みが行われた。まず，競争的でない場面（映画，食事など）で2つの集団を一緒に過ごさせるという試みがなされたが，葛藤は解消せず，両者の対立はむしろ深刻化した。そこで次に，共通の上位目標を設定した。たとえば，食料を積んだトラックが溝にはまって動けなくなってしまったなど，集団という区別を超えて，すべての少年が協力しなければ解決できないような状況を複数用意し，それに取り組ませると，葛藤や敵対的感情は徐々に減少し，互いの間に友好的な感情が芽生えるようになった。

⒝　社会的アイデンティティ理論

　現実的集団葛藤理論は，集団間の利害の対立が内集団ひいきを生むと主張するものだった。しかしその後の研究で，内集団ひいきは，現実的な利害対立がない場合や，成員間の相互作用すら存在しないような場面でも生じることが指摘されている。タジフェルらは，内集団ひいきが生じる最小の条件を明らかにするため，最小条件集団パラダイムと呼ばれる実験を行っている（Tajfel, Billig, Bundy, & Flament, 1971）。具体的には，まず2種類の抽象画（カンディンスキーの絵とクレーの絵）を見せ，どちらの絵がより好きかという回答によって集団を分けたり，スクリーンに多数の点を映し，その点の数を推測して，過大推測をした集団と過小推測した集団に分けたりするなど，人工的な基準で集団を二分する。そのうえで図11-2に示したような分配マトリクスによって，匿名の内集団成員1名と外集団成員1名について報酬の分配額を決める。マトリクスに記載されているのは分配される得点であり，実験終了後に実際の報酬に交換されることになっている。こうしたマトリクスには種類

があり，それによって分配がどのような動機に基づいているかが推測される。たとえば，図11‐2の上段に示したマトリクスでは内集団成員の利益を増やそうと思うほど左側の選択肢を選ぶことになるが，内集団成員の利益の増加と外集団成員の利益の減少は連動するようになっている。一方，下段に示したマトリクスでは，より右側にある選択肢を選ぶほど内集団の絶対的な利益は増えるが，それ以上に外集団の利益も増える。したがって，もし単純に内集団成員の利益を増やしたいのではなく，外集団成員の利益との差を広げたいという動機に基づいて報酬分配を行うのであれば，このマトリクスでは左寄りの選択肢を選ぶはずである。

一連の最小条件集団パラダイムの実験で得られた結果は，まさにこの内外集団の利益の差を拡大させるというものであった。つまり，この実験が明らかにしたのは，人はどんな些細な基準であっても集団が内集団と外集団に区分されれば，対面したこともない内集団成員に対して内集団ひいきをすること，またそれだけでなく，内集団成員の利益の一部を犠牲にしてさえも，外集団成員の利益との間には明確な差をつけようとするということであった。

| 内集団成員の
no. ○○へ | 19 | 18 | 17 | 16 | 15 | 14 | 13 | 12 | 11 | 10 | 9 | 8 | 7 |
| 外集団成員の
no. △△へ | 1 | 3 | 5 | 7 | 9 | 11 | 13 | 15 | 17 | 19 | 21 | 23 | 25 |

| 内集団成員の
no. ○○へ | 7 | 8 | 9 | 10 | 11 | 12 | 13 | 14 | 15 | 16 | 17 | 18 | 19 |
| 外集団成員の
no. △△へ | 1 | 3 | 5 | 7 | 9 | 11 | 13 | 15 | 17 | 19 | 21 | 23 | 25 |

図11‐2　最終条件集団パラダイムにおける分配マトリクスの例（Tajfel et al., 1971）

　この結果を説明するために，タジフェルらは社会的比較理論（第6章参照）を集団間の関係に適用した社会的アイデンティティ理論を提唱した（Tajfel & Turner, 1979）。第6章で説明したように，特定の社会集団（社会的カテゴリー）の一員であるという知識は私たちの自己概念の一部を成している（社会的アイデンティティ）。また，人は自尊感情を高めたいという基本的な動機づけを持っており（自己高揚動機），外集団に比して内集団の地位を優位に保つことは，望ましい社会的アイデンティティを持つこと，ひいては自尊感情を高めることにつながる。社会的アイデンティティ理論によれば，それゆえに，人は内集団と外集団の利益の差を拡大する方向に内集団ひいきをするというのである。実際，現実場面においては，所属している集団の凝集性が高い場合や，集団への同一視が強いほど，内集団ひいきが起きやすいなど，この理論を支持する方向の知見が報告されている。

(c)　閉ざされた一般互酬仮説

　タジフェルらの最小条件集団パラダイムに基づく実験と，その説明としての社会的アイデンティティ理論は，単に集団を何らかのカテゴリーで分割するだけで，外集団を貶めようとする動機が働くという，強い仮定を含むものであったため，その後多くの反論が提出された。なかでもよく知られているのが，山岸らによる閉ざされた一般互酬仮説である（Yamagishi, Jin, & Kiyonari, 1999）。この仮説では，最小条件集団パラダイムが相互依存の状況であり，個々の参加者に互酬性（返報性，互恵性）が期待されたことに注目をしている。

　既述のように，最小条件集団パラダイムでは，集団成員は互いに匿名で，直接的な相互作用も一切ないなかで，内集団成員と外集団成員への報酬の分配額を決定することが求められていた。またこの決定は，参加者自身が受け取る報酬とは無関係だったため，タジフェルらはこの実験

のパラダイムは相互依存関係がない状況だと仮定していた。しかしその一方で，実験の参加者には，参加者全員が同様の報酬分配を行うという説明がなされていた。つまり各参加者は，他者に報酬を分配をする者であると同時に，他者から報酬を分配される者として，自分の役割を捉えていたと考えられる。このような状況は，現実には相互依存の関係はなくとも，それに近似した関係性が認識される可能性がある。そして，相互依存の関係が存在する集団内では，集団成員は互いに助け合うものだ（持ちつ持たれつ）という一般互酬性が成り立つと考えられる。なぜなら，閉ざされた関係性の中では他者に与えた恩恵が回り回って自分に返ってくる（間接互恵性という）ことが期待されるからである。

　実際，報酬を分配する際，互いに分配し合うという互酬性（互恵性）のある条件と，分配をするのは自分だけで，被分配者（他者から報酬を分配される者）になることはないという条件を設定したところ，後者の条件では内集団ひいきが起きなかった（神・山岸・清成，1996）。この結果から最小条件集団パラダイムに見られる内集団ひいきは，内集団成員に利益を与えることが目的であって，外集団を差別することが目的ではないことがわかる。外集団成員の冷遇は，あくまでも内集団成員を優遇することに伴う副産物なのである。

（3）集団間葛藤の解消

　閉ざされた一般互酬仮説は，進化心理学に基づく考え方であり，人類が生存し続けられたのは，こうした心の性質を身につけたからこそだと仮定している。しかしその由来がどうであれ，内集団ひいきは集団間葛藤を招くものであり，特にグローバル化が進んだ現代においては，その解消が期待される。

　集団間葛藤の解消として，古くから期待されていたのは接触仮説

（Allport, G. W., 1954）と呼ばれる考え方である。外集団成員との接触頻度を増やせば，自ずと葛藤が解消するという考え方だが，サマーキャンプの実験がそうだったように，単に接触する機会を増やすだけでは，逆効果となることも多く，互いに協力しなければ達成できないような上位目標を導入することが重要である。上位目標を設定することにより，対立していた集団がより上位の集団に包含されると，外集団の成員も1つの大きな集団の内集団成員として認識されようになる。これを再カテゴリー化という。

　しかし上位集団に包含されても，それぞれの集団が当初から持っていた社会的アイデンティティが消失しない場合もある。そのような場合には集団をより小さな集団に分割し（下位カテゴリー化という），各々の集団が共通の上位目標の達成において独自の貢献ができるようにすることが効果的である。また，内集団と外集団とを区別する特徴を目立たなくする脱カテゴリー化も，葛藤解消の有効な方法の1つとして提案されている。

3.　組織内葛藤とリーダーシップ

（1）組織内葛藤

　葛藤は会社のような1つの組織内で生じることもある。組織成員は，共有する目標を達成すべく，それぞれの仕事をこなしている。しかしたとえ上位の目標は共通でも（例：会社の業績を上げる），役割や地位が異なれば，個別の問題において利害が対立することがある。たとえば，より良い新商品を開発しようとする部署が，できるだけ経費を削減しようとする財務担当者と対立するといったことはよくあることだろう。結局のところ，組織といえども，それを構成しているのは個性が異なる個

人であり，まして仕事の分業によって立場や役割が異なれば，そこに葛
藤が生じるのは必然といってもいい。

（2）リーダーシップ

　組織内の葛藤は，時として組織改革の契機となることもあるため，必
ずしも避けられるべきものではない。しかし，組織が全体として目標に
向かうためには，それをまとめあげるリーダーシップが必要である。リ
ーダーシップとは，「集団目標の達成に向けてなされる集団の諸活動に
影響を与える過程」のことを指す（Stogdill, 1974）。

　リーダーシップ研究の歴史は古く，初期の研究は優れたリーダーに備
わる個人特性を追究する特性アプローチが主流だった。歴史に名を連ね
る偉大なリーダーの性格，知能，態度などを調べれば，リーダーとして
の適性がわかるはずだと考えられたのである。

　しかし，特定の特性を持つ者が必ずしも良いリーダーにはなり得ない
ことが次第に明らかになり，研究は行動アプローチに移行した。これは，
優れたリーダーはどのような行動をとっているかを調べようとするもの
である。リーダーとして相応しい行動様式というものがあるならば，特
別な特性を持ち合わせていなくとも，その行動様式に則った行動をとる
ことで，集団成員に対して効果的な影響力を持つことができる。この分
野の研究の先駆けとも言えるのが，クルト・レヴィンら（Lewin,
Lippitt, & White, 1939）によるリーダーシップ・スタイルの研究である。
レヴィンらは，子どもたちをランダムにグループ分けし，そこに3つの
タイプのリーダーをつかせて，それが子どもたちの行動や態度，作業効
率などに与える影響を調べた。1つ目のリーダーシップ・スタイルは
「専制君主型」であり，グループ活動の内容についての決定に子どもを
一切関与させず，すべてをリーダーが決定した。2つ目は「民主型」で

あり，活動内容に関する決定に子どもたちを積極的に関与させた。3つ目は「放任型」であり，リーダーは何も決断をせず，子どもたちの自由にまかせた。その結果，民主的なリーダーのもとでは集団の雰囲気が良く，作業効率も良かったのに対し，専制君主的なリーダーのもとでは作業効率は良いものの，子どもたちの意欲が乏しく，仲間内で攻撃行動やいじめが見られること，また放任型のリーダーのもとでは作業がはかどらず，意欲も低いことが明らかになった。

　レヴィンらの研究は，リーダーシップ研究に大きな影響を及ぼしたが，その後の研究では，行動そのものというよりも，そうした行動が果たす機能に関心は移行していった。今日に至るまで数多くの研究が行われているが，いずれもリーダーシップにおいて重要な機能は2つの次元に大別できるという点ではほぼ一致している。1つは集団の目標達成や高水準の課題遂行を志向する機能であり，もう1つは集団成員間の良好な人間関係を志向する機能である。三隅（1966，1984）は，目標達成行動を目指すP機能（Performance）と集団維持行動を目指すM機能（Maintenance）をそれぞれどの程度備えているかによってリーダーを pm 型（いずれの機能も低い），P型（Pのみが高い），M型（Mのみが高い），PM型（いずれの機能も高い）の4タイプに分ける PM 理論を提唱している。そして，各タイプのリーダーシップ・スタイルが及ぼす影響を調べたところ，PM型は他のタイプに比べて，組織の生産性や，成員の意欲，満足感，会社への帰属意識，精神的健康などに，良い影響を与えていることが明らかになった。三隅は，リーダーがこれらの機能に基づいた行動をとることができるように，訓練プログラムの開発にも従事している。

（3）近年のリーダーシップ研究
　ここまでに紹介したリーダーシップの研究は，あらゆる場面を通じて

一貫して効果的なリーダーシップというものがあるはずだという前提の
もとで行われたものである。しかし20世紀も後半に入ると，効果的なリ
ーダーシップは，組織のおかれた状況によって異なるとする考え方が強
くなり，変化する状況に素早く的確に対応するためのリーダーシップを
模索するコンティンジェンシー・アプローチ（状況即応アプローチ）が
登場する。さらに20世紀終盤以降は，経営環境の大きな変化に伴い，組
織改革の重要性が指摘されるようになり，リーダーシップにも，変革型
のリーダーシップと呼ばれる機能が求められるようになってきた。これ
は組織を取り巻く周辺環境の変化を的確に把握し，組織全体としてその
変化に対応できるような創造的変革を生み出していくといった機能であ
る。これは，リーダーシップの機能をもっぱら組織内のものとして捉え
てきた従来の考え方を大きく変えるものであり，今後も時代の変化に伴
い，求められるリーダーシップの機能は変遷していくものと思われる。

学習課題
1．キーワードに挙げられていることばについて説明してみよう。
2．ここに紹介した例以外にも，温室効果ガス排出による地球温暖化，公
　共放送の受信料の支払い，社内で皆が利用する給湯室やトイレの管理
　など，社会的ジレンマが生じる状況は様々にある。身近な例とフリー
　ライダーを生まない方法について考えてみよう。
3．内集団ひいきは，普遍的で強固なバイアスなため，解決が難しいとさ
　れている。自分にも心あたりがないかを考え，その具体的事例につい
　て解決策を検討してみよう。

引用文献

Allport, G. W.（1954）. *The nature of prejudice.* Cambridge, MA: Addison-Wesley.（オルポート，G. W. 原谷達夫・野村昭（訳）偏見の心理（上巻・下巻）　培風館　1961年）

Axelrod, R.（1984）. *The evolution of cooperation.* NY: Basic Books.（アクセルロッド，R. 松田裕之（訳）つきあい方の科学――バクテリアから国際関係まで　ミネルヴァ書房　1998年）

Brigham, J. C.（1986）. The influence of race on face recognition. In H. D. Eills, M. A. Jeeves, F. Newcombe & A. D. Young（Eds.）, *Aspects of face processing.* pp. 170-177. Dordrecht: Nijhoff.

Dawes, R. M.（1980）. Social dilemmas. *Annual Review of Psychology, 31,* 169-193.

Hardin, G.（1968）. The tragedy of the commons. *Science, 162,* 1243-1248.

神　信人・山岸俊男・清成透子（1996）. 双方向依存性と"最小条件集団パラダイム"　心理学研究, 67, 77-85.

Lewin, K., Lippitt, R., & White, R. K.（1939）. Patterns of aggressive behavior in experimentally created "social climates." *Journal of Social Psychology, 10,* 271-299.

Linville, P. W., Fischer, G. W., & Salovey, P.（1989）. Perceived distributions of the characteristics of in-group and out-group members: Empirical evidence and a computer simulation. *Journal of Personality and Social Psychology, 57,* 165-188.

三隅二不二（1966）. 新しいリーダーシップ――集団指導の行動科学　ダイヤモンド社

三隅二不二（1984）. リーダーシップ行動の科学（改訂版）　有斐閣

Mullen, B., & Hu, L.-t.（1989）. Perceptions of ingroup and outgroup variability: A meta-analytic integration. *Basic and Applied Social Psychology, 10,* 233-252.

Sherif, M., Harvey, O. J., White, B. J., Hood, W. R., & Sherif, C. W.（1961）. *Intergroup conflict and cooperation: The Robbers Cave experiment*（vol. 10）. Norman, OK: University Book Exchange.

Stogdill, R. M.（1974）. *The handbook of leadership: A survey of theory and research.* NY: Free Press.

Tajfel, H., Billig, M. G., Bundy, R. P., & Flament, C. (1971). Social categorization and intergroup behaviour. *European Journal of Social Psychology*, *1*, 149-178.

Tajfel, H., & Turner, J. C. (1979). An Integrative Theory of Intergroup Conflict. In S. Worchel, & W. G. Austin (Eds.), *The Social Psychology of Intergroup Relations* (*pp.33-47*). Monterey, CA: Brooks/Cole.

Tajfel, H., & Wilkes, H. (1963). Classification and Quantitative Judgment. *British Journal of Psychology*, 54, 101-114.

Yamagishi, T., Jin, N., & Kiyonari, T. (1999). Bounded generalized reciprocity: Ingroup boasting and ingroup favoritism. *Advances in Group Processes*, 16, 161-197.

参考文献

北村英哉・唐沢　穣（編）（2018）．『偏見や差別はなぜ起こる？―心理メカニズムの解明と現象の分析』ちとせプレス

大渕憲一（2015）．『紛争と葛藤の心理学―人はなぜ争い，どう和解するのか（セレクション社会心理学28)』サイエンス社

山岸俊男（1990）．『社会的ジレンマのしくみ―「自分 1 人ぐらいの心理」の招くもの（セレクション社会心理学15)』サイエンス社

12 | 家族という集団

《**目標・ポイント**》 本章から2章は，家族心理学について概説する。家族が社会心理学の研究対象として取り上げられることは，これまで稀であったが，家族も集団の1つの形態と捉えるならば，家族にまつわる問題は社会心理学的な事象と考えることもできるだろう。本章では，家族という集団の特殊性を踏まえた上で，その機能と構造を検討し，家族心理学の特徴を概観する。
《**キーワード**》 家族の機能と構造，家族システム論，生態学的システム論，異文化接触

1. 家族心理学とは何か

(1) 家族という集団の特殊性

　家族心理学は，数ある心理学の諸分野のなかでも最も新しい分野の1つであり，学問としてのまとまりを見せたのは，ようやく1980年代に入ってからのことである。様々な分野と関連が深い学問だが，一般的には発達心理学と臨床心理学を母体として成立した分野とみなされる。そのため，公認心理師カリキュラムに「社会・集団・家族心理学」という科目が設定される以前は，家族心理学が社会心理学との関連で語られることは極めて限定的であった。それは，社会心理学のなかで「集団」を取り上げる場合，その成員同士に特別な関係性を仮定していないことがほとんどだからである。前章で紹介した最小条件集団パラダイムは，そのことを象徴的に示している。そこで設定された集団は恣意的な基準で構

成されたものであり，集団成員間に何の相互作用も仮定されていなかった。それとは対照的に，家族には，集団成員間に複雑な関係性が存在し，またその関係性を前提として，家族は様々な機能を担っている。つまり家族は，社会心理学においては特殊な集団といえるが，日常生活に目を転じると，ほとんどの人にとって生まれて最初に出会う，最も身近な集団は家族だろう。

　実は，集団力学（第10章参照）の創始者である社会心理学者のクルト・レヴィンは，早くから家族関係に着目をし，「結婚における葛藤の背景」（1940年）という論文を提出している（Lewin, 1948）。そのなかでレヴィンは，「結婚は1つの集団的状況であり，それゆえに集団生活の一般的特徴を示す」とし，「結婚における配偶者の問題はしたがって個人とその集団との関係から生じてくるものと見なければならない」と主張している。これはまるで次節でとりあげる家族システム論を先取りするかのような主張である。

（2）家族心理学が取り組む課題

　岡堂（1991）は，家族心理学を「心理学的方法論に準拠し，家族にかかわる心理学的諸現象を研究する科学」と定義し，家族心理学が取り組むべき主要課題として次の2つを挙げている。

　第1の課題は家族にまつわる問題の解決を目指すもので，家族の問題行動や心理面の症状，夫と妻の葛藤，老親との不和など，問題を抱える家族に対する援助法についての理論と実践に関する研究としている。第2の課題は，家族の健全な発達の促進を目指すもので，これまで発達心理学や臨床心理学の分野で取り扱われてきた問題を個人ではなく，家族全体の機能と構造を視野に入れて，心理的な援助をしていく必要性が強調されている。

2. 家族の機能と構造

（1）家族の機能

　家族という集団が担う機能には様々なものがある。岡堂（1999）は，衣食住を確保し生命・生活を維持していく機能と，個人および家族が直面する危機に対処し，それを克服していく機能の2つを挙げている。一方，柏木（2003）は，機能を対内的なものと対外的なものに大別している。対内的な機能とは，集団成員の必要性から生まれた機能であり，衣，食，住や性といった基本的な欲求の充足がこれにあたる。また家族は子どもを養育する場であることから，子の養育機能も家族の対内的機能に含まれている。一方，対外的な機能とは社会が求める機能，あるいは結果として社会の目的に適う機能を指している。家族が基本的欲求を充足させることで，食や性をめぐる不要な諍いを防ぎ，社会秩序に資するほか，社会が求める良質な労働力を提供する役割も家族は果たしている。

　家族の機能は，ほかにも様々なかたちで分類されているが，いずれも，家族が単に生理的欲求の充足の場ではなく，心理・社会的な機能を果たす場としてとらえている点では共通している。第8章で取り上げたソーシャル・サポートとの関連でいえば，家族は集団成員の心理的安定のために適切に情動を表出させ，安定させるという情緒的サポートの機能を持つことに加え，成員を外部環境に適応させていくための道具的サポートの機能をも持つものだといえる。

（2）家族の構造

　集団の機能は，その構造と密接に関係している。ミニューチンは，家族の構造を理解するために，以下の3つの枠組みを示している（榎本，2009；Minuchin, 1974）。

192

(a) 境界

　後述するように，家族心理学では家族を1つのシステムととらえる。したがって，家族は社会や他の家族とは分離された存在であり，同時に，家族の中にもその成員から構成されるサブシステムがある。こうしたシステム，およびサブシステムを仕切るのが境界である。たとえば，両親（夫婦）と子どもとの間には世代による境界があるし，父・息子と母・娘の間には性別という境界があるだろう。

　境界は明瞭性を持ちつつも，状況に応じて柔軟に変化できることが求められる。それができない場合，たとえば境界が不明瞭な場合には自他の区別がつかない未分化状態となる。反対に境界が明瞭でありすぎると，他がその境界を越えて入り込むことができない。たとえば，育児をすべて妻に任せ，夫が家庭を顧みない家族では，母子関係が未分化で互いに自立できない状態であると同時に，母子と夫との間には強固な境界が築かれ，夫が家族の中で遊離した状態に置かれるといったことが起こる。

(b) 提携

　提携とは成員間の協力関係のことである。第三者に対抗するために二者が協力する連合と，特に第三者を想定せず，共通の目的のために二者が協力する同盟の2つがあるが，両者を区別せず，すべてを連合と呼ぶことも多い。

　家族内の提携は，その組み合わせによって様々な形態が考えられるが，問題となる連合として，固着した連合，迂回連合，三角関係化が挙げられる（平木，1999）。固着した連合とは，家族成員の一部が連合し，それが固定化した状態である。たとえば，母子間，父子間に強力な連合が築かれる一方で，夫婦間の連合がなく，コミュニケーションが行われないといった例が考えられる。家庭内で暴力をふるう父親に対し，母子が連合して父親に対抗するといった例も見られる。

　迂回連合とは，固着した連合を形成している二者間（たとえば夫婦）に生じた葛藤を解消するために，第三者（たとえば子ども）が利用されるもので，第三者を攻撃したり，反対に，第三者の問題解決のために協力をし合ったりすることで，二者間の連合が強化される。

　最後に，三角関係化とは，対立する二者が第三者を自分の味方につけようとするものである。たとえば，関係が悪化した夫婦が，子どもを味方に組み入れようとして，配偶者の悪口を子どもに言うようなケースである。

(c)　勢力

　第10章で述べたように，地位や役割などを背景として，他者に自分の思いどおりの行動をとらせる潜在的な力を社会的勢力，もしくは単に勢力という。家族システム内にも勢力はあり，家族が正常に機能するためには，特定の成員に勢力が偏ることなく，均衡化されている状態が望ましい。また勢力は成員間に適切な境界や提携があってはじめて成り立つものである。たとえば遊離状態にある父親が子どもに対して持つ勢力は必然的に弱いものにならざるを得ない。

（3）家族円環モデル

　オルソンらによって提唱された家族円環モデル（Olson, 1986; Olson, Russell, & Sprenkle, 1983）では，家族機能の最適さが凝集性と適応性という2つの次元によって規定されるとしている（図12-1）。

　凝集性とは，夫婦間もしくは家族成員間の情緒的・心理的結びつきの程度を表すものであり（第10章の集団凝集性を参照），結びつきが低く，家族がばらばらな遊離の状態から，結びつきが強すぎて，動きがとれない膠着状態までの4段階が想定されている。すなわち，前項で示した家族構造の特徴が集約された概念だと考えられる。一方，適応性は，家族

が状況的・発達的危機に直面したとき，構造や役割，ルールなどを柔軟に変化せることができる程度を指している。危機への柔軟性がありすぎる無秩序の状態から，柔軟性がまったくない硬直状態まで，こちらも4段階が想定されている。なお，状況的危機とは，病気や事故，災害など，日々の生活のなかで偶発的に生じる危機のことであり，発達的危機とは家族の発達に応じて必然的に生じる危機のことである（後述）。各々の家族は，この2つの次元からなる座標軸上のどこかに位置づけられるが，凝集性，適応性ともに中程度の状態，すなわち座標軸の真ん中あたりに

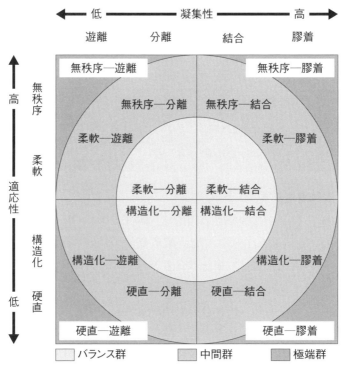

図12-1　家族円環モデル（Olson et al., 1983）

位置する家族がもっともバランスがとれた家族，すなわち家族機能が最適状態にある家族と考えられる。

3. システムとしての家族

（1）家族システム論

　家族心理学の大きな特徴は，成員一人一人ではなく，家族全体の構造と機能を１つの視野に入れることにある。このような考え方は一般システム理論を家族に援用した家族システム論として体系化されている。一般システム理論とは，無生物，生物，精神過程，社会過程といった区別に関係なく，それらを貫く一般原理を追究し，定式化していく学問体系であり（von Bertalanffy, 1968），この理論を援用している家族心理学では，家族を１つの生活システムとして扱っている。それゆえ，家族成員の誰かに問題が生じた場合，その個人にのみアプローチをするのではなく，システム（家族）全体や，システムを構成するサブシステム（夫婦関係，親子関係，兄弟姉妹関係など）に働きかけていくということになる。榎本（2009）は，このような家族システム論に特有の視点を，次の３つにまとめている。

(a)　二者関係に還元しない

　たとえば，子どもが何らかの問題行動を起こした場合，母子関係等の単一の二者関係のみに注目するのではなく，夫婦関係やきょうだい関係等，家族システムを構成するあらゆるサブシステムを検討していく。

(b)　双方向の因果の流れを想定

　多くの場合，サブシステムの関係性は単方向ではなく，双方向であり，双方向の関係性が循環しているのがふつうである。たとえば，子どもの問題は親の養育態度によるものと考えられがちだが，子どもの気質にも

依存することはよく知られている（第13章参照）。

(c)　目的論的な受け止め方

　家族システム論では，問題を因果的に受け止めるだけでなく，必要に応じて，目的論的に受け止める。すなわち，問題の原因が何なのかを突き止めることよりも，家族システムの機能不全を解消し，より健全なシステムへと再構築するためのきっかけとして，その問題の意味を積極的にとらえるということである。

（2）家族の発達

　家族を1つのシステムと考える家族システム論では，家族を発達する存在としてとらえる視点も欠かすことができない。家族の発達を個人の人生周期（ライフサイクル）になぞらえて理解する家族ライフサイクル論では，個人と同じように家族にも発達段階があり，各発達段階に応じた発達課題を達成することが求められるとしている。

　表12-1に示したのは，子どもがいる家族の発達段階である。後述するように，最近は非婚や，結婚しても子どもを持たないという家族が増加しているため，必ずしも一般的な家族の発達を表しているとはいえないが，家族のおおよそのライフサイクルと，それぞれの段階に応じた発達課題を見てとることはできるだろう。

（3）生態学的システム理論

　家族は社会のなかで孤立して存在するものではない。したがって，家族を1つの独立したシステムと見なすとしても，その構造や機能は，家族を取り巻く社会と無縁ではない。

　ブロンフェンブレンナーは，人間の発達を理解する際，人間をとりまく環境を1つのシステムをもった生態系としてとらえるべきだとする生

表12-1　家族ライフサイクル（中釜，2006）

ステージ	家族システムの発達課題	個人の発達課題
1．家からの巣立ち（独身の若い成人期）	源家族からの自己分化	親密性 vs 孤立 職業における自己確立
2．結婚による両家族の結合（新婚期・家族の成立期）	夫婦システムの形成 実家の親とのつきあい 子どもを持つ決心	友人関係の再編成
3．子どもの出生から末子の小学校入学までの時期	親役割への適応 養育のためのシステムづくり 実家との新しい関係の確立	世代性 vs 停滞 ┌第2世代───── 　基本的信頼 vs 不信 　自律性 vs 恥・疑惑 　自主性 vs 罪悪感
4．子どもが小学校に通う時期	親役割の変化への適応 子どもを包んだシステムの再調整 成員の個性化	世代性vs停滞 ┌第2世代───── 　勤勉さ vs 劣等感
5．思春期・青年期の子どもがいる時期	柔軟な家族境界 中年期の課題達成 祖父母世代の世話	┌第2世代───── 　同一性確立 　　vs 同一性拡散
6．子どもの巣立ちとそれに続く時期：家族の回帰期	夫婦システムの再編成 成人した子どもとの関係 祖父母世代の老化・死への対処	┌第2世代───── 　親密性 vs 孤立 　（家族ライフサイクルの第一段階）
7．老年期の家族の時期：家族の交替期	第2世代に中心的な役割を譲る 老年の知恵と経験を包含	統合 vs 絶望 配偶者・友人の喪失 自分の死への準備

態学的システム理論を提唱している（Bronfenbrenner, 1979）。すなわち，家族をとりまく社会全体もまた大きな1つのシステムであるという考え方である。ブロンフェンブロンナーは生態学的システムを複数の層に分け，子どもの発達には，親，友人，兄弟姉妹など，子どもが直接関わる環境（マイクロシステム）だけでなく，子どもに間接的に影響を与える周辺環境も考慮すべきだとしている。たとえば，母子関係・父子関係といった親子関係1つをとっても，そうした関係は，親同士の関係性（夫婦関係）によって左右される（メゾシステム）。また夫婦関係は，夫と妻のそれぞれの職場や友人関係，居住環境などに影響されるし（エクソシステム），それらはさらに，その地域あるいは国の文化や習慣，価値観などに影響されている（マクロシステム）。ブロンフェンブレンナーはこうした入れ子構造のシステムを考えることで，人間の発達をより意味のあるものとして理解できるとしている。

（4） 文化の影響

　マクロシステムである文化が家族に及ぼす影響は，様々な場面で見て取ることができる。たとえば，個人と社会（集団）のいずれを重視するかという価値観において，一般には西洋には個人主義（個人的な達成，自律性，動機づけ，選択，感情を重視），東洋には集団主義（集団としての達成，協調，動機づけ，選択，感情を重視）という文化差が存在するとされている。このような文化差を反映するかのように，ヨーロッパ系アメリカ人の子どもでは，自らが選んだ課題を行う場合と，他者（実験者や母親）が選んだ課題を行う場合では，前者のほうが意欲的で課題の成績も良かった。一方，アジア系のアメリカ人では，母親が課題を選択した場合が最も成績が良く，母親の期待が子どもの動機づけを促している様子が示された（Iyengar & Lepper, 1999）。また東（1994）による，

しつけや教育に関する日米比較の研究では，アメリカの子どもが母親の影響をあまり受けていないのに対し，日本の子どもは母親の態度や行動によって知能や学力が大きく左右されていることが報告されている。これらはいずれも欧米とアジアでの母子関係のあり方の違いを示すものである。実際，欧米では，母と子も相互に独立した人間であるという考えから，幼いうちから寝室を別にし，どのようなことがあっても，子ども自らが判断，選択することを推奨する。それに対し，アジアでは母子関係がより未分化な状態なまま成長することが多く，子どもが大きくなってからも多様な側面で親（特に母親）が子どものサポートをする傾向が見られる（第14章も参照のこと）。

　家族関係の文化差については，30カ国を対象としたより大規模な国際比較調査も行われている。それによれば，親子関係やしつけ，教育の仕方だけでなく，家族成員の役割や情緒的絆など，様々な側面で各国の文化に応じた特徴が見られている（Georgas, Berry, van de Vijver, Kağitçibaşi, & Poortinga, 2006）。

　ただし文化は，家族の周りにあまりにもあたりまえに存在しているため，普段の生活の中でその影響が意識されることは少ない。文化の影響が浮き彫りになるのは，文化間の移動により異文化に接触したときだろう。箕浦（1990）は海外駐在員の子どもたちへの追跡調査を行い，子どもの文化的受容やアイデンティティ構築に関する研究を行っている。このような子どもたちは，家庭の内外で異なる文化（この研究では，アメリカと日本）に接触するため，それをうまく調整しながら適応することが求められる。箕浦によると，文化的受容には感受期（9歳から14〜15歳）があり，異文化接触がこの前に行われたか，それ以降に行われたかで異文化の受容にはかなり程度の違いが見られるという。しかし異文化を受容し適応したとしても，親の海外勤務が終わると，帰国によって子

どもたちは再度の文化間移動を経験することとなる。異なる文化にはその集団に特有の暗黙の規範があるため，繰り返しの文化間移動は子どもたちに深刻な心の葛藤を経験させるが，多くの子どもは，そのような経験のなかで自らのアイデンティティを再構築し，状況に応じたふるまいを身につけるようになっていく。

（5）時代的な変化

　生態学的システム論を提唱したブロンフェンブレンナーは，のちにこのシステムの中に時間的要因（クロノシステムという）を取り入れていることを提案している（ブロンフェンブレンナー，1984a，1984b）。時間的要因には，発達段階のような一人の人間における時間的変化（発達的変化）と時代的変化が含まれる。

　ブロンフェンブロンナーが指摘するとおり，家族は時間的に変化する（発達する）だけでなく，時代によっても大きく変化するものである。日本社会において，近年顕著な変化は，少子化，晩婚化・非婚化，離婚の増加である。図12 - 2 に示すように，出生数は，戦後の 2 度のベビーブーム期を除き，継続的に減少傾向にある。合計特殊出生率は一人の女性が生涯に生む子どもの数の理論値を表す示標だが，この数値は第 1 次ベビーブーム期には 4 を超えていた。しかし昭和20年代後半になると急激に低下し，昭和50年以降は 2 を下回るようになった。特に平成元年は合計特殊出生率が1.57で，ひのえうまであった昭和41年の1.58を下回ったことから1.57ショックと呼ばれた。その後も，多少の変動はあるものの合計特殊出生率は減少傾向にあり，最新の統計（平成28年）では1.44と，依然，人口置き換え水準（人口が将来にわたって増減せず，親の世代と同数で置き換わる大きさを示す指標，平成28年の値は2.07）を下回っている。

　一方で母親の年齢階級別出生率の推移を見ると，昭和50年代以降は20代の出生率が低下し，30代，40代が上昇傾向にある。出産の高齢化である。たとえば平成28年の第一子出産時の母親の平均年齢は30.7歳で，昭和50年と比べると5.0歳上昇している。これは，平均初婚年齢の上昇と大きく関係し，平成28年では夫31.1歳，妻29.4歳となっている。昭和22年と比べると夫が5.0歳，妻が6.5歳上昇している。また結婚はしたものの，共働きで子どもを持たない選択をする夫婦（DINKS）も多い。

　婚姻率（人口千人当たりの婚姻件数）も低下傾向となり，平成28年の婚姻率（5.0）は，昭和40年代と比べると約半分の水準となっている。一方で，離婚率（人口千人当たりの離婚件数）は平成３年以降に急激に上昇している。ただし，近年は緩やかな低下傾向にあり，諸外国に比べると依然として低い水準にある（平成28年の離婚率は1.73）。

　このように現代の家族は多様な特徴を持つものとなっており，家族を１つのシステムとして捉えるにしても，その適応の仕方には個々の家族の特徴に応じたものがあるという点を考慮しなければならない。

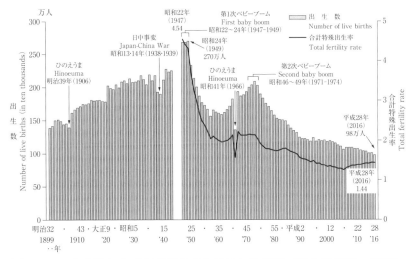

図12-2　出生数および合計特殊出生率の年次推移（厚生労働省，2018）

1．自分の家族が，現在，どのような機能と構造を持っているかを考えて
　みよう。
2．自分あるいは子どもの発達にともなって，家族の機能と構造がこれま
　でどのように変化してきたかについて考えてみよう。
3．日本の家族の形態がこの50年の間にどのように変化してきたか，政府
　が発表している統計を見ながらまとめてみよう。

引用文献

東　洋（1994）．日本人のしつけと教育―発達の日米比較にもとづいて（シリーズ
　人間の発達12）　東京大学出版会

von Bertalanffy, L.（1968）. *General System Theory: Foundations, Development,
　Applications.* NY: Braziller.（ベルタランフィ，L. 長野　敬・太田邦昌（訳）（1973）.
　一般システム理論―その基礎・発展・応用　みすず書房）

Bronfenbrenner, U.（1979）*The ecology of human development: Experiments by
　nature and design.* Cambridge, Massachusetts.（ブロンフェンブレンナー，U.　磯
　貝芳郎・福富譲（訳）人間発達の生態学：発達心理学への挑戦　川嶋書店　1996
　年）

ブロンフェンブレンナー，U. 磯貝芳郎（訳）（1984a）科学と人間の発達(1)―かくさ
　れている変革　児童心理，38，155-174.

ブロンフェンブレンナー，U.（著）磯貝芳郎（訳）（1984b）科学と人間の発達(2)
　―かくされている変革　児童心理，38，336-353.

榎本博明（2009）．家族の機能と家族内コミュニケーション　榎本博明（編）家族
　心理学（pp.15-37）おうふう

Georgas, J., Berry, J. W., van de Vijver, F. J. R., Kağitçibaşi, Ç., & Poortinga, Y. H.
　（Eds.）.（2006）. *Families across cultures: A 30-nation psychological study.*　NY:
　Cambridge University Press.

平木典子（1999）．家族の心理構造　岡堂哲雄（編）家族心理学入門（補訂版）
　（pp.13-23）培風館

Iyengar, S. S., & Lepper, M. R.（1999）. Rethinking the value of choice: A cultural perspective on intrinsic motivation. *Journal of Personality and Social Psychology*, *76*, 349-366.

柏木惠子（2003）．家族心理学—社会変動・発達・ジェンダーの視点　東京大学出版会

厚生労働省（2018）．平成30年我が国の人口動態—平成28年までの動向　厚生労働省政策統括官（統計・情報政策担当）

Lewin, K.（1948）．*Resolving Social Conflicts: Selected Papers on Group Dynamics*. NY: Harper.（レヴィン K. 末永俊郎（訳）社会的葛藤の解決（社会的葛藤の解決と社会科学における場の理論 1 ）　ちとせプレス　2017年）

箕浦康子（1990）．文化のなかの子ども（シリーズ人間の発達 6 ）　東京大学出版会

Minuchin, S.（1974）．*Families & family therapy*. Cambridge: Harvard University Press（山根常男（監訳）家族と家族療法　誠信書房　1999年）

中釜洋子（2006）．家族の健康とは　平木典子・中釜洋子（共著）家族の心理—家族への理解を深めるために（pp.18-34）サイエンス社

岡堂哲雄（1991）．家族心理学研究の動向　教育心理学年報, 30, 139-149.

岡堂哲雄（1999）．家族心理学の課題と方法　岡堂哲雄（編）家族心理学入門（補訂版）（pp.1-11）培風館

Olson, D. H.（1986）．Circumplex model VII: Validation studies and FACESIII. *Family Process*, *25*, 337

Olson, D. H., Russell, C., & Sprenkle, D. H.（1983）．Circumplex model of marital and family system: IV. Theoretical update. *Family Process*, *22*, 69-83.

参考文献

榎本博明（編著）（2009）．『家族心理学』おうふう

柏木惠子（2003）．『家族心理学—社会変動・発達・ジェンダーの視点』東京大学出版会

平木典子・中釜洋子（2006）．『家族の心理—家族への理解を深めるために』サイエンス社

13 | 家族内の関係性

《目標・ポイント》 家族というシステムのなかには夫婦関係，親子関係とい
ったサブシステムが存在する。本章では，家族心理学やそれと関連が深い発
達心理学，臨床心理学の知見を参照しつつ，社会心理学的な視点から夫婦関
係，親子関係といった家族内の関係性について考えていく。
《キーワード》 夫婦関係，親子関係，家庭内暴力，夫婦間暴力，不適切な養育，
家族療法

1. 夫婦関係

（1） 夫婦間の満足度の相違

　親密な情緒的関係が人生に対する満足度の主要な源泉であることは多
くの研究で示されている。特に結婚は人生満足度の主要な規程因であり，
一般に，結婚している人はしていない人よりも心身が健康であることが
多い。第8章で紹介したバークマンとサイムの社会的孤立に関する調査
でも，結婚が死亡リスクを低める要因の1つであることが示されており，
この研究に端を発して行われた研究のレビューでは，未婚，離婚，死別
などの理由により結婚していない人は，結婚している人と比べて，死亡
率が女性では約1.5倍，男性では約3.5倍高いことや，抑うつや不安の程
度，身体的疾患にかかる程度も高いことが明らかにされている（Ross,
Mirowsky, & Goldsteen, K., 1990)。
　このように，結婚は世界的に見ても，男性により多くの恩恵を与えるが，

日本の夫婦関係に関する研究では，こうした傾向がさらに顕著に見られることが指摘されている。これは，日本の女性が育児，家事，仕事，介護など，多重の役割を担い，それによって夫婦間の結婚満足度のずれが生じるためだとされる。実際，20代から60代の夫婦を対象に，日本で行われた大規模な質問紙調査の結果によると（図13-1），結婚して間もない時期（5年以下）を除き，妻の結婚満足度は夫に比べてかなり低く，特に結婚後15年以上の夫婦では，その差は歴然としていた（菅原・小泉・詫間・八木下・菅原，1997）。これは横断的な調査であり，同じ夫婦の結婚満足度の推移を追ったものではないが，結婚生活に対する考え方，感じ方が夫婦間で異なることは間違いないだろう。

（2）夫婦関係における社会的交換

　夫婦間の結婚満足度のずれを説明する理論の1つに社会的交換理論が挙げられる。第8章で説明したように，一般的な経済活動においては，具体性が高く，個別性が低い財が交換されるが，対人間ではしばしば具

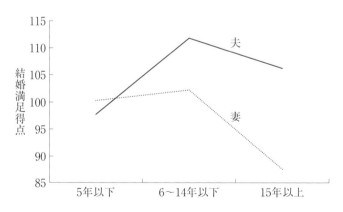

図13-1　結婚年数による結婚満足度の違い（菅原ら，1997）

体性が低く，個別性が高い財が交換される。この最たる例が夫婦関係における財の交換である。諸井（1990，1996）は既婚女性に調査をし，夫婦関係を維持する上での自分と配偶者の貢献（インプット）と，夫婦関係からそれぞれが得ているもの（アウトプット）を尋ねた。そして，この得点の差を衡平性の度合いとしたところ，衡平の低さは満足感の低さと関係し，利得が小さい場合には怒りが，利得が大きい場合には罪責感が生じることを明らかにしている。

　ただし，夫婦間の衡平性の認知は両者の性役割観によっても左右される（諸井，1990）。妻自身が伝統的性役割観を持っている場合には，過小利得に対する不満は最小化されるためである。結果として，伝統的な性役割観を持つ妻と平等的な性役割観を持つ夫の組み合わせで満足感は高く，反対に伝統的性役割観を持つ夫と平等的性役割観を持つ妻という組み合わせでは満足感が低いという傾向が見られた。また平等的性役割観を持つ妻は夫との比較によって衡平感を認知するのに対し，伝統的性役割観を持つ女性では，自分と同じ立場にある他の女性と比較して衡平感を抱く傾向が見られた。

　妻の結婚満足度を規定する重要な要因には，夫から妻への情緒的サポートも挙げることができる。これは家庭内の労働の多くが感情労働と考えられることに由来する。感情労働とは，相手に適切な心の状態を喚起させるように，自身の感情を引き起こしたり抑制したりすることを要求する労働のことで（Hochschild，1979），航空機の客室乗務員や看護・介護職，企業のクレーム処理係などがその典型とされる。従来は頭脳労働の一種として分類されていたが，一般的な頭脳労働に比べ感情の負荷が大きいことから，近年は感情労働として個別の検討がなされているものである。家庭内の労働も，自然に喚起される感情を抑制したり，本来は喚起されていない感情を無理に呼び起こしたりするなどして感情を調整

することが求められることから感情労働と共通点が多いが，賃金による
対価がないという点ではさらに負荷が高いといえる。すなわち，夫から
妻への情緒的サポートは，感情労働に対するある種の対価だと考えるこ
とができる。この種の研究はアメリカで数多く行われてきたが，日本で
も夫が妻を情緒的にサポートするほど妻の結婚満足度が高くなること，
またその効果が家事を分担したとき以上のものであることが，末盛
（1999）によって示されている。またこのような情緒的サポートと結婚
満足度との関係は，伝統的な性役割観を持つ妻において顕著であること
も明らかにされており，家庭以外の場で他者から評価されることが難し
い専業主婦にとっては，夫からの評価やねぎらいがとりわけ重要な意味
を持つことがうかがえる。

（3）夫婦間コミュニケーションとソーシャル・サポート

　夫婦関係が良好な夫婦とそうでない夫婦では，夫婦間のコミュニケー
ションに違いがあることも指摘されている。平山・柏木（2001）は中年
期の夫婦に対する調査から，夫婦間コミュニケーションの態度を①威圧
（例：日常生活に必要な要件を命令口調で言う），②共感（例：あなた（相
手）の悩みごとの相談に対して，親身になって一緒に考える），③依存・
接近（例：相手（あなた）自身の悩み・迷いごとがあると，あなた（相
手）に相談する），④無視・回避（例：あなた（相手）の話にいい加減
な相づちをうつ）の４次元に分け，夫と妻のコミュニケーション態度の
違いを検討している。その結果，夫に最も顕著な態度は「威圧」，妻に
顕著な態度は「依存・接近」で，全般的に妻から夫に対してのほうがポ
ジティブな（肯定的な）コミュニケーション態度が多く見られた。また，
双方がポジティブなコミュニケーションをしている夫婦，中立的なコミ
ュニケーションをしている夫婦，双方がネガティブな態度でコミュニケ

ーションしている夫婦の3群に分けると，中立的なコミュニケーションをしている夫婦以外では妻のほうが夫よりも関係満足度が低く，特に双方がネガティブな態度でコミュニケーションをしている夫婦では，その傾向が顕著に見られた（平山・柏木，2004）。

　また伊藤・相良・池田（2007）は自己開示（第7章参照）という観点から夫婦間コミュニケーションについて検討し，特に子育て期の妻では会話時間と自己開示が関係満足度を大きく左右することを示している。一方で夫は，総体的には，夫婦のコミュニケーションが関係満足度に影響することは少なかったが，そもそも妻以外の相手に自己開示をすること自体が少ない夫は，中年期になると，妻への自己開示の程度が関係満足度を大きく規定することが示されている。

　このように夫婦間コミュニケーションが関係満足度に影響するのは，コミュニケーションがソーシャル・サポート（情緒的サポート）の機能を果たすためだと考えられる。前章で指摘したように，家族は情緒的サポートと道具的サポートの機能を担う。アダムスらの研究によれば，家族がこれらの機能を果たしているときには，家族と仕事との間の葛藤も少なく，人生満足度や職業満足度が高くなる傾向が見られるという（Adams, King, & King, 1996）。

2．親子関係

（1）愛着と安全基地

　次に親子関係について見ていこう。生理的早産と呼ばれる無力な状態で生まれる人間の乳児にとって，身近な養育者との間に築かれる情緒的な絆は，自らの生死を左右する重要な関係性である。ジョン・ボウルビィはこれを愛着（アタッチメント）と呼び，危機的な状況に際して，あ

るいは潜在的な危機に備えて，特定の対象との近接を求め，またこれを維持しようとする生得的な傾向と定義した（Bowlby, 1969）。

　しかしながら愛着は，単に乳児が飢えや渇きなどの基本的欲求を充足することだけを理由に成立するものではない。たとえば，ハリー・ハーロウによるサルを使った実験（Harlow, 1958）では，生後間もない子ザルを母親から引き離し，代理母として硬い針金のみでできている模型と柔らかく弾力性のある布で覆われている模型を檻のなかに入れた。このとき，いずれかの模型に哺乳瓶を装着し子ザルが乳を吸えるようにしていたが，どちらに哺乳瓶が装着されているかにかかわらず，子ザルはほとんどの時間を布製の代理母とともに過ごした。このことは，子ザルにとっては，飢えや渇きといった基本的欲求の充足以上に，代理母との接触から得られる慰み（安心感）が重要だということを示唆している。

　ハーロウはまた別の実験で，布製の代理母とともに育てられた子ザルを見慣れない部屋（オープン・フィールド）に入れ，その様子を観察した。すると，最初は代理母にしがみついていた子ザルも，しばらくすると代理母を基点にして探索行動を始め，仕舞いにはそこに置かれた未知のおもちゃで遊ぶようになった。つまり，代理母は子ザルが恐くなったらいつでも駆け込める安全基地としての機能を果たし，逆説的ではあるが，それがあるために子ザルの自律的な行動が促されたと考えられる。

　子どもがそれまで経験したことのない場所で示す反応は人間にも共通している。メアリー・エインズワースら（Ainsworth, Blehar, Waters, & Wall, 1978）は，こうした反応をもとにした新規場面法（ストレインジ・シチュエーション法）と呼ばれる母子間の愛着を測定する方法を開発している。これは子どもが母親（もしくはそれに代わる保護者）と分離，再会した際の反応から，愛着のスタイルを次の３つのタイプに分けるものである。

(a)回避型（Aタイプ）：親との分離に際し混乱を示すことが少なく，再会時にも親から目をそらしたりするなどの回避行動が見られる。
(b)安定型（Bタイプ）：親との分離の際に多少の混乱を示すものの，実験者等の第三者からの慰めを受け入れることができる。また親との再会時には自ら身体的な接触を求め，容易に気持ちを落ち着かせることができる。親が近くにいるときには，そこを安全基地とした探索行動が見られる。
(c)抵抗・アンビバレント型（Cタイプ）：親との分離時に強い不安や混乱を示し，再会時には身体的接触を強く求めるが，同時に怒りを示すなど，相反する反応をする。行動が不安定で用心深いため，安心して親から離れて探索行動をとることができない。

　エインズワースが，アメリカの乳幼児を対象に調査した研究では，上記の3タイプの比率は回避型が21％，安定型が67％，抵抗・アンビバレント型が12％であり，これまで世界各国で行われた同様の調査でも全体的な平均としては，おおよそこれに近い比率が見られている。しかし一方で，国や文化による違いもあり，アメリカのデータと比較すると，日本では回避型が極端に少なく，相対的に抵抗・アンビバレント型が多い（van IJzendoorn & Kroonenberg, 1988）。このような文化差は，前章でも取り上げた子どもの養育に関する親の価値観や姿勢の違い，あるいは親子の関係性の違いに由来すると考えられる。

（2）愛着スタイルの個人差を生み出す要因
　親子関係も，他の対人関係と同様に双方向的なものであるため，愛着スタイルの個人差は，養育者側の要因と子ども側の要因との相乗効果によるものと考えられる。

　このうち養育者側の要因としては，子どもの状態や欲求に関するシグナルをどの程度，敏感に受信することができるかという感受性と，そうしたシグナルにどの程度，適切に対応できるかという応答性が挙げられる。エインズワースらによる研究（Ainsworth et al., 1978）によれば，安定型の子の母親は総じて感受性が高く，子どもに対して過剰な働きかけをすることなく，遊びや身体的接触を楽しむのに対し，回避型の子の母親は子どもの働きかけに拒否的に応答したり，子どもの行動を一方的にコントロールしたりすることが多い。また抵抗・アンビバレント型の子の母親は，子どもが発信するシグナルに鈍感で，むしろ親側の気分や都合に合わせて子どもに働きかけをするため，子どもに対する対応に一貫性がなかったり，タイミングがずれたりすることがあるという。

　このように愛着スタイルの個人差を親の養育スタイルに帰する理論は多いが，子ども側の要因，特に子どもの生得的な気質の違いが，養育者の反応や行動を規定するという指摘もある。たとえばトーマスとチェスは，ニューヨークに住む85の家族の子ども141人を対象に行った縦断研究のなかで，子どもの気質を9つの次元から探り，3種類にタイプ分けしている（Thomas & Chess, 1977）。それによると，全体の約40％にあたる「扱いやすい子ども（easy child）」は生活のリズムが規則的で大半の時間は機嫌が良く，順応性も高い。これに対し全体の約10％にあたる「扱いにくい子ども（difficult child）」は，生活のリズムが不規則で，新しい刺激や環境への順応性が低いため，些細なことですぐに機嫌を損ねてしまう。最後に全体の約15％の「慣れるのに時間がかかる子ども（slow-to-warm-up child）」は，環境に順応するのに時間がかかるため，活動的ではなく，反応性が低い。残る35％は上記の3タイプに分類できない子どもである。

　扱いやすい子どもの場合，親の感受性や応答性が高くなくても育児が

順調に進むため，親は自信を持ちやすく，結果的に好循環が生まれやすい。反対に「扱いにくい子ども」では，親によほど高い感受性や応答性がない限り，育児がうまくいかないことも多く，親が無力感や罪の意識を持つことがある。冒頭でも述べたように，結局のところ，親子関係も相互作用であり，養育者側の要因と子ども側の要因の適合の度合いによって，愛着スタイルが変化する。

（3） 愛着の継続性と内的作業モデル

　ボウルビィによれば，愛着は乳幼児期だけのものではなく，生涯にわたって継続するものである。すなわち，乳幼児期に養育者との相互作用によって形成された愛着は，その後，養育者以外の他者との関係を構築する上で重要な意味を持つことになる。シンプソンらによる約20年間にわたる縦断研究では，乳幼児期に愛着スタイルが安定型として分類された子どもは，小学校でも社会的スキルが高く，またそのことが青年期の友人関係を良好にし，さらには成人後の恋愛関係の質にも影響していた (Simpson, Collins, Tran, & Haydon, 2007)。これは，乳幼児期における養育者との相互作用が，自己に対するイメージ（自分は他者から愛されたり，援助されたりする価値がある存在か）と他者に対するイメージ（他者は信頼でき，援助を求めればそれに答えてくれる存在か）を形成する基礎となり，さらにこのようなイメージ（心的表象）が，他者の行動を解釈したり予測したりする際の表象モデル（内的作業モデルという）として機能するためだと考えられている。個人の愛着対象は，発達段階が進むにつれ，親から友人，恋人や配偶者へと移行していくが，その都度，内的作業モデルは想起され，適用されることになる。

　バーソロミューとホロウィッツによれば（Bartholomew & Horowitz, 1991)，自己に対するイメージがネガティブな人は，他者との関係に不

安を抱きやすく，見捨てられるのではないかと心配をしやすい。一方，他者に対するイメージがネガティブな人は，他者との親密な関係を回避する傾向が見られる。したがって，この関係不安（見捨てられ不安）と親密性回避という 2 次元によって，成人の愛着スタイルを 4 つ（両者がともに低い「安定型」，関係不安が低く親密性回避が高い「拒絶型」，関係不安が高く親密性回避が低い「とらわれ型」，両者ともに高い「恐れ型」）に分類することで，成人期の友人関係や家族関係の特徴が示唆されるとしている。ただし内的作業モデルは，幼少期の愛着スタイルによって，一義的に決まるわけではない。発達の過程で多くの人と出会い，相互作用を繰り返すなかで，内的作業モデルが更新されていく可能性があることは，先に示した縦断研究でも指摘されている（Simpson, Collins, Tran, & Haydon, 2007）。

3．家族臨床

（1）家庭内暴力

　近年では，家族への臨床的関わりがますます求められるようになってきている。なかでも深刻なのが家庭内暴力の問題である。これは家族関係の障害であり，夫婦関係においては夫婦間暴力，親子関係においては不適切な養育である虐待がその典型である。

(a)　夫婦間暴力（DV：Domestic Violence）

　DV というと，殴ったり，蹴ったり，物を投げつけたり，突き飛ばしたりするなどの身体的暴行が思い浮かべられやすいが，このような①身体的暴行に加え，②心理的攻撃（人格を否定するような暴言，交友関係や行き先，電話・メールなどを細かく監視したり，長期間無視するなどの精神的な嫌がらせ，あるいは，自分もしくは自分の家族に危害が加え

られるのではないかと恐怖を感じるような脅迫など），③経済的圧迫（生活費を渡さない，貯金を勝手に使われる，外で働くことを妨害されるなど），④性的強要（嫌がっているのに性的な行為を強要される，見たくないポルノ映像等を見せられる，避妊に協力しないなど）も，夫婦間暴力に含まれる。

　内閣府の男女共同参画局は，男女間における暴力の実態を把握するため，1999年（平成11年）から３年ごとに調査を実施している。それによると，2017年（平成29年）に行われた調査では，上記の①〜④のいずれかを１度でも配偶者から受けたことがある女性は約３人に１人，男性は約５人に１人と報告され，いずれも上記の分類の順で被害者が多い（内閣府，2018）。このように被害者となる比率は女性のほうが高く，夫から妻への暴力が問題視されることが多いが，女性の場合には，その約６割が被害の相談をしているのに対し，男性の約７割はどこにも相談していない。既述のように，男性は妻以外の他者に自己開示をすることが少ないため，問題が表面化しないままに深刻化する恐れも考えられる。相談窓口としては，2001年に「配偶者からの暴力の防止及び被害者の保護に関する法律」，いわゆるDV防止法が施行されて以降，各都道府県に相談支援センターが設置されている。しかし上記のような実態を踏まえると，夫婦間暴力に関する対策は実質的な問題解決には至っていないというのが現状である。なお，近年では多様なカップルが存在することから，夫婦間暴力ではなく，パートナー間暴力（IPV：Intimate Partner Violence）という名称が使用されることもある。

⒝　不適切な養育

　不適切な養育とは，子どもの心身の健全な発達を阻害する養育のことを指し，その多くは児童虐待と呼ばれるものを指す。厚生労働省は，児童虐待を①身体的虐待（殴る，蹴る，投げ落とす，激しく揺さぶる，や

けどを負わせる，溺れさせる，首を絞める，縄などにより一室に拘束するなど），②性的虐待（子どもへの性的行為，性的行為を見せる，性器を触る又は触らせる，ポルノグラフィの被写体にするなど），③ネグレクト（家に閉じ込める，食事を与えない，ひどく不潔にする，自動車の中に放置する，重い病気になっても病院に連れて行かないなど），④心理的虐待（言葉による脅し，無視，きょうだい間での差別的扱い，子どもの目の前で家族に対して暴力をふるう（DV）など）の4つに分類している。

この分類に基づいて厚生労働省が調査した全国の児童相談所における児童虐待相談の対応件数は，2017年度（平成29年度）が13万3778件（速報値）と過去最多で，統計を取り始めた1990年度から27年連続で増加した（厚生労働省，2018）。ただしこれは，純粋に児童虐待の件数が増えたという以上に，2000年に「児童虐待の防止等に関する法律（児童虐待防止法）」が施行されて以降，通告等によって児童虐待が表面化するケースが増えてきたと見るべきだろう。実際，虐待相談の相談経路は，警察等（49％）を筆頭に，近隣知人（13％），家族（7％），学校等（7％）と多岐にわたっている。また虐待の内容別では，心理的虐待に関する相談対応件数が最も多く（54％），身体に損傷を与えるものだけが虐待ではないという認識が深まっている様子もうかがえる。身体的虐待は心理的虐待に次ぐ件数ながらその約半数に留まり（25％），それにネグレクト（20％），性的虐待（1.2％）が続いている。

（2）家族療法

前章で説明したように家族は1つのシステムであり，全体としてバランスをとるように相互に影響しあっている。すなわち，個人はそのシステムの一部であり，家族の誰かが問題を抱えているということは，家族

全体のバランスが損なわれていることを意味する。特に家庭内暴力のように家族間の関係性に由来する問題は，個人に心理療法を行うだけでは本質的な解決には至らず，一旦は問題が沈静化したように見えても，すぐに元に戻ってしまう。こうした考えに基づき，家族全体のバランスを回復することに焦点をあてているのが家族療法である。

　家族療法では，なんらかの心理学的な問題を呈した人を単に患者（Patient）と呼ぶのではなく，IP（Identified Patient）と呼ぶ。すなわち，その人は家族システムのなかでたまたま症状を呈した人であり，家族システムやそれをとりまく生態学的なシステムにおいて生じた機能不全がその人を通じて露呈したと解釈される。たとえば，子どもの非行の背景には夫婦関係の不和や，親の子への関わり方（母親による過干渉，父親による放任など）の問題があるかもしれない。家族療法では，この場合にも母親に原因があるとか，父親に原因があるといった直線的な因果律でとらえて犯人捜しをするのではなく，家族成員相互の関係性に着目する。因果を円環的にとらえ，関係性の悪循環こそが家族システムの機能不全だと考えるのである。家族にはその家族特有の文化があり，それによってシステムが維持されているため，悪循環を断ち切るのは容易ではない。しかし問題を抱える当事者（IP）だけではなく，家族が心理療法に参加することによって，またセラピストが家族特有の文化，すなわち家族間の暗黙のルールや言語・非言語のコミュニケーション・スタイルなどを読み解き，それに応じた介入をすることによって，家族成員間に新たな関係性の構築を促すことができる。そしてそこに好循環が生まれれば，家族システムは再び，家族としての機能を十全に果たすことができるようになると考えられる。

1．キーワードに挙げられていることばについて説明してみよう。
2．夫婦関係，親子関係の双方向性について考察してみよう。
3．政府が報告している夫婦間暴力と児童虐待に関する統計資料を調べてみよう。

引用文献

Adams, G. A., King, L. A., & King, D. W. (1996). Relationships of job and family involvement, family social support, and work-family conflict with job and life satisfaction. *Journal of Applied Psychology, 81*, 411-420.

Ainsworth, M. D. S., Blehar, M. C., Waters, E. and Wall, S. (1978). *Patterns of attachment: A psychological study of the Strange Situation.* Erlbaum, Hillsdale, NJ.

Bartholomew, K., & Horowitz, L. M. (1991). Attachment styles among young adults: A test of a four-category model. *Journal of Personality and Social Psychology, 61*, 226-244.

Bowlby, J. (1969). *Attachment and Loss (vol.1) : Attachment. Basic*, NY. (revised edition 1982).

Harlow, H. F. (1958). The Nature of Love. *American Psychologist, 13*, 673-685.

平山順子・柏木惠子 (2001)．中年期夫婦のコミュニケーション態度：夫と妻は異なるのか？　発達心理学研究，12，216-227.

平山順子・柏木惠子 (2004)．中年期夫婦のコミュニケーション・パターン：夫婦の経済生活及び結婚観との関連　発達心理学研究，15，89-100.

Hochschild, A. R. (1983). *The managed heart : Commercialization of human feelings.* University of California Press. (ホックシールド, A. R. (著)，石川　准 (訳) 管理される心：感情が商品になるとき　世界思想社　2000年)

van IJzendoorn, M. H. & Kroonenberg, P. M. (1988). Cross-cultural patterns of attachment: A meta-analysis of the Strange Situation. *Child Development, 59*, 147-156.

伊藤裕子・相良順子・池田政子 (2007)．夫婦のコミュニケーションが関係満足度

に及ぼす影響：自己開示を中心に　文京学院大学人間学部研究紀要，9，1-15.

厚生労働省（2018）．平成29年度福祉行政報告例の概況

諸井克英（1990）．夫婦における衡平性の認知と性役割観　家族心理学研究，4，109-120.

諸井克英（1996）．家庭内労働の分担における衡平性の知覚　家族心理学研究，10，15-30.

内閣府（2018）．男女間における暴力に関する調査報告書

Ross, C. E., Mirowsky, J., & Goldsteen, K. (1990). The impact of the family on health: The decade in review. *Journal of Marriage and the Family*, *52*, 1059-1078.

Simpson, J. A., Collins, W. A., Tran, S., & Haydon, K. C. (2007). Attachment and the experience and expression of emotions in romantic relationships: A developmental perspective. *Journal of Personality and Social Psychology*, *92*, 355-367.

末盛　慶（1999）．夫の家事遂行および情緒的サポートと妻の夫婦関係満足感　家族社会学研究，11，71-82.

菅原ますみ・小泉智恵・詫間紀子・八木下暁子・菅原健介（1997）．夫婦間の愛情関係に関する研究(1)　日本発達心理学会第8回大会発表論文集，57.

Thomas, A., & Chess, S. (1977). *Temperament and development*. Oxford, England: Brunner/Mazel.

参考文献

榎本博明（編著）（2009）．『家族心理学』おうふう

柏木惠子（2003）．『家族心理学―社会変動・発達・ジェンダーの視点』東京大学出版会

平木典子・中釜洋子（2006）．『家族の心理―家族への理解を深めるために』サイエンス社

14 │ 心の文化差

《目標・ポイント》 社会心理学に限らず，心理学では，人間の心の働きは，国や文化によらず，普遍的だと考えてきた。しかし近年では，かなり本質的な部分でも東洋人と西洋人の心の働きが異なる可能性が指摘され，心の普遍性が疑問視されるようになってきている。本章では，このような疑問の根拠となる心の文化差についての研究知見を紹介しながら，文化と心の働きとの相互作用について考えていく。
《キーワード》 心の普遍性，分析的思考，包括的思考，相互独立的自己観，相互協調的自己観，文化心理学

1. 心の普遍性への疑問

　テレビや映画などのメディアを通して，あるいは海外旅行などの直接的な経験から，外国人と日本人のものの見方や考え方の違いに驚いたことはないだろうか。私たちにとっては常識であることが，彼らにとっては常識ではなかったり，あるいは彼らにとって当たり前のことが，私たちには珍しく感じられたりということは，特に異なる文化の中で生活する人の間でよく起こる。では，このような違いをどう捉えたらよいだろうか。

　心理学においては伝統的に，人間の心のしくみや働きは，文化や生活環境に関係なく，普遍的なものだと考えられてきた。たとえばアメリカ人と日本人の行動やものの考え方には，表面的には様々な相違があるよ

うに見えても，本質的な心のしくみや働きに大きな違いはないというのが，心理学における暗黙の了解だったわけである。それは社会心理学においても例外ではなく，社会心理学という学問が誕生してから現在に至るまで，北米を中心とする欧米諸国で行われた研究の知見が，日本の社会心理学のなかに躊躇なく取り入れられてきた。

2. 認知と思考様式における文化差

（1）分析的思考と包括的思考

　心の普遍性に対する信念は現在も大きくは揺らいではいない。事実，人間の思考，感情，行動には多くの普遍性が認められることも，世界各国で行われてきた数々の研究から明らかである。本書でここまでに紹介してきた社会心理学の知見も，その多くが北米由来のものだが，読者は自分や身近な他者にもあてはまる現象として，受け入れることができたのではないだろうか。

　しかしその一方で，特定の社会心理学的現象には系統的な文化差が見られることも明らかになりつつあり，最近では，むしろ北米の研究者の方が率先して文化的な影響を考慮することの重要性を指摘するようになってきた。その代表格ともいえるのが，リチャード・ニスベットである（Nisbett, 2003）。彼らの研究グループは，西洋人と東洋人では世界観や自己観が本質的なレベルで異なっており，それが認知や思考の様式にまで違いをもたらしているとしている。彼らは，趣向をこらした実験を多数行い，またそれらの知見を歴史的，哲学的言説と照らし合わせた結果として，西洋人のものの見方や考え方は「分析的」であるのに対して，東洋人のそれは「包括的」だと主張している。

　分析的思考とは人や物といった対象を理解する際，もっぱら対象その

ものの属性に注意を向け，その対象が独自に有する属性に基づいてカテ
ゴリーに分類したり，その対象を構成する要素を最小単位まで分割した
りするなど，対象を他の対象やそれが置かれた文脈から切り離して理解
しようとする思考様式のことである。それに対し包括的思考は，ある対
象を理解するには，その対象が置かれた文脈や他の対象との関係性を無
視することはできないとし，対象がおかれた「場」全体を包括的に理解
しようとする。

（2）物の認知における文化差

　以降は，ニスベットらの研究を，日本人を研究対象としたものを中心
に紹介していくことにしよう。増田とニスベット（Masuda & Nisbett,
2001）は，水中の様子を描いた約20秒間のカラー・アニメーションをつ
くり，日本人とアメリカ人の大学生にそれを 2 度見せた後，それを思い
だして，説明するように求めた（図14 - 1 ）。アニメーションには，ど
の場面でも， 1 匹もしくは複数の中心的な魚が描かれていたが，この中
心的な魚は他のどの生き物よりも大きく，明るい色をしていて，動きも
速かった。また背景には，もっとゆっくりと進む生き物や水草，石，泡
などが描かれていた。

　アニメーションの内容をあとから思い出した日本人とアメリカ人の回
答には次のような特徴があった。まず，中心の魚について言及する程度
は日本人もアメリカ人もほぼ同じだった。しかし，水や石，泡，水草，
動きの鈍い生き物といった背景要素への言及は，日本人がアメリカ人よ
り 6 割以上も多かった。さらにアメリカ人は，中心的な魚と他の物との
関係については，日本人と同じ程度に回答したが，背景の無生物と他の
物との関係についての回答は日本人の半分ほどしか見られなかった。ま
た日本人の場合，回答の第一声が環境についてのものだったのに対し

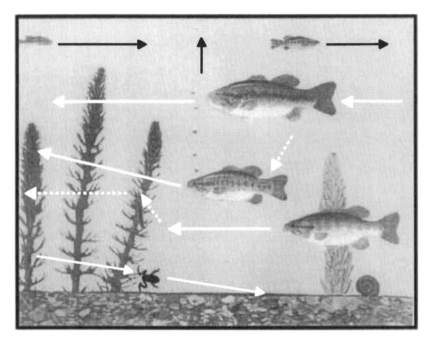

図14‐1　実験で使用されたアニメーションの例（Masuda & Nisbett, 2001）
　　　　（※矢印は動きの方向を示している）

（例：池のようなところでした），アメリカ人は中心的な魚から話を始め
ることが3倍も多かった（例：大きな魚がいました，多分マスだと思い
ます）。
　さらに中心要素であった魚を，もとのアニメーションにあった背景，
もしくはオリジナルとは異なる背景とともに見せて再認を求めたとこ
ろ，アメリカ人では背景の違いによる影響を受けなかったが，日本人で
はもとの背景とともに提示された場合の方が，再認成績が高かった。こ
れは，日本人は対象をその背景と結びつけて知覚していたのに対し，ア
メリカ人は背景情報とは切り離して知覚していたためと考えられる。す

なわち，日本人の情報処理が文脈依存的であることを示唆している。

（3）人の認知（対人認知）における文化差

　増田ら（Masuda, Ellsworth, Mesquita, Leu, Tanida, & van de Veerdonk, 2008）は，対人認知，具体的には他者の感情を推測する際の注意の向け方にも，思考様式の違いが反映されていることを示している。この実験では，参加者に人物のイラストを見せ，その人物の感情を推測するという課題をさせた。イラストには，中央の人物と周辺の人物が同じ表情をしているものと，異なる表情をしているもの（図14‒2）が含まれていたが，いずれの場合も求められていたのは，中央の人物の感情をその表情から推測するという課題であった。その結果，日本人を実験参加者としたときには，中央の人物の感情推測に周囲の人物の表情が影響する傾向が見られた。たとえば，中央の人物が笑顔の表情を見せていたとしても，周辺の人物が怒りの表情を見せている場合には，周辺の人物が笑顔の場合に比べて，当人が経験している喜びの程度は低く推定された。このような違いは，アメリカ人の実験参加者には見られなかった。

図14‒2　実験で使用されたイラストの例（Masuda et al., 2008）
（※中央の人物と周辺の人物が異なる表情をしている場合）

アメリカ人の場合，周辺の人物が笑っていようが怒っていようが，中央の人物が笑顔であれば，その人物は同じ程度，喜んでいると見なされたのである。また，類似の実験を視線追跡装置（アイ・トラッカー）をつけて行ったところ，日本人の場合には，中心人物に加え周辺の人物にも視線が送られていたのに対し，欧米人（アメリカ，カナダ，オーストラリア，ニュージーランド）では，課題中のほとんどの時間で視線が中央の人物に集中していた。すなわち西洋人にとって，感情は個人のものであるが，日本人にとっては集団の感情と切り離すことができないものと見なされていると考えられる。

（4）原因帰属の文化差

　思考様式における文化差は，原因帰属のような社会的推論においても，相違をもたらす。第3章では，人が原因帰属の際におかしがちなエラーとして，基本的な帰属のエラーを紹介したが，東洋人では，このエラーが相対的に見られにくいという指摘がされている。たとえば，1991年にアイオワ大学の中国人留学生が，指導教員や仲間などを射殺したのち，自殺したという事件が起きた時，モリスとペン（Morris & Peng, 1994）は，この事件の報道の仕方がアメリカのメディア（ニューヨーク・タイムズ）と中国のメディア（世界日報）でまるで違うことに気がついた。アメリカのメディアが加害者の性格や考え方，精神的な問題など，もっぱら個人的な特性（内的要因）に焦点を当てた報道をしていたのに対し，中国のメディアは加害者の人間関係や中国社会での彼の立場，彼が過ごしたアメリカの生活環境など，加害者の周辺環境（外的要因）に焦点を当てて原因を究明しようとしていた。もっともこのケースに限れば，加害者が中国人であったため，母国中国のメディアが加害者を擁護する目的で，このような報道様式を選択した可能性も否定できない。しかし折

しも同じ年に，ミシガン州で郵便配達人が上司や同僚を射殺したのちに，自殺をするという事件が起きた。この事件は，先の中国人留学の事件と事件に至るまでの経緯もよく似ていたため，大きな相違点は，この事件の加害者がアメリカ人だということだけだった。そこで彼らは，この事件を報道したアメリカのメディア（ニューヨーク・タイムズ）と中国のメディア（世界日報）を同じように分析し，先の事件の報道と比較したところ，その傾向は共通したものだった。すなわち，加害者がアメリカ人の場合でも，アメリカのメディアは加害者の性格や考え方など個人的な属性に注目をしていたのに対し，中国のメディアは加害者に影響を与えたであろう状況要因にも言及していたのである。このことは他者の行動についても，東洋人は西洋人に比べ，文脈を加味した包括的な捉え方をしていることを示唆している。

3. 自己における文化差

　認知や思考様式における相違は，自己をどのように捉えるかという，自己概念や自尊感情の文化差にも反映されている。

（1）自己概念における文化差

　マーカスと北山（Markus & Kitayama, 1991）は，西洋人の自己の捉え方を相互独立的自己観，東洋人の自己の捉え方を相互協調的自己観と呼び，両者の違いを論じている。相互独立的自己観とは，自己を他者とは明確に区別された実体として捉える考え方である。したがって自己は，他者や周囲の状況とは独立した，その人個人が持つ属性（能力，性格特性など）によって定義されるとされる。一方，東洋人に一般的な相互協調的自己観では，自己は他者との関係性やその自己を取り巻く環境

があってはじめて存在するものだと捉えられる。そのため，自己と他者，あるいは周辺の事物との境界線は曖昧で，自己がどのようなものであるかは，特定の状況や他者の存在に依存する。自己が単独で定義されることはなく，人間関係やその関係性の中でどのような地位，役割を占めるかによって定義される。図14-3は，この2つの自己観を図示したものである。相互協調的自己観では，自己を取り巻く他者の属性（Xで示されたもの）が自己の属性の一部となっており，また自己と他者との境界線が曖昧になっているのがわかるだろう。

　第6章では自己概念の違いを測定するテストとして20答法を紹介した。このテストに対する回答には，東洋人と西洋人の自己観の違いが表れやすいという。カズンズの研究（Cousins, 1989）によれば，日本人大学生はアメリカ人大学生に比べ，個人に特有の心理属性（私は○○な性格だ）や身体属性（私は身長○○センチだ）を挙げることは少なかった。その代わりに，社会的な役割（私は○○大学の学生だ）や状況依存的な行動（私は金曜日の夜には○○をする）を挙げる程度は，アメリカ人より多かった。この結果は相互協調的自己観に一致する。

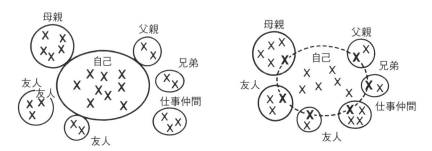

図14-3　相互独立的自己観（左）と相互協調的自己観（右）（Markus & Kitayama, 1991）

（2） 自尊感情における文化差

　西洋人において優勢な相互独立的自己観では，個人は他者とは明確に区別された実体とみなされるため，自分の内面にある優れた特性（例：能力）を見つけて，それを表現し，実現することに価値が置かれる。成功を自己の内的属性，失敗を外的状況に帰属するセルフ・サービング・バイアス（第3章参照）は，このような自己観ゆえのバイアスだと考えられる。他方，東洋人において優勢な相互協調的自己観では，個人と他者との境界は曖昧なため，他者との調和が重んじられ，個人としての特性が優れていることを確認するより，望ましくない特性を積極的に発見，修正することで，自分を周囲と調和することに価値が置かれる。そのため，セルフ・サービング・バイアスのような自己高揚的なバイアスはあまり見られない可能性がある。事実，日本人を対象にした研究では，しばしば成功は運や環境（外的要因）のおかげ，失敗は能力や努力（内的要因）の不足のせいというセルフ・サービング・バイアスとは逆方向の自己卑下的な傾向が見られることがある（北山，1998）。自尊感情を高揚しようとする自己高揚動機は，人間一般に見られる普遍的な動機ではあるが，少なくとも相対的に見れば，日本人（を含む東洋人）の自己高揚動機は，西洋人に比べて弱いといえるかもしれない。ただし，日本人に見られる自己卑下傾向は，謙遜を是とする文化において，むしろ他者に好印象を与えるための戦術（自己呈示，第7章参照）だったり，集団としての評価を向上させることによる間接的な自己高揚であったりするとの指摘もある（村本・山口，1997；沼崎・工藤，2003）。

　自尊感情の測定には，最近まで自己評定式の心理測定尺度のみが用いられてきた。しかし，このようなタイプの尺度を用いた場合，回答を意識的にコントロールすることが可能である。したがって，たとえ自己を高く評価していたとしても，それをそのまま回答に反映するとは限らな

い。特に謙遜を美徳とする文化的背景を持つ者が回答する場合，評価は低い方向に偏ってしまう可能性がある。自尊感情は，自己に対する態度と考えられることから，最近では，潜在態度を測定するためのテスト（第5章参照）を用いて，意識的にアクセスできない自尊感情（潜在的自尊感情と呼ばれる）を測定し，従来の自己評定式の尺度で測定された自尊感情（顕在的自尊感情）と比較する研究も行われている。それらの研究によれば，日本人の顕在的自尊感情は確かに低いが，潜在的自尊感情は，アメリカ人と比較してもひけをとらない程度に高いという結果も報告されている（Yamaguchi, Greenwald, Banaji, Murakami, Chen, Shiomura, Kobayashi, Cai, & Krendl, 2007）。

4. 文化心理学

　本章で取り上げた研究は，社会心理学の1分野を構成する研究であると同時に，文化心理学という1つの独立した学問として捉えることもできる。文化心理学とは，文化と人の心との間にあると想定される密接な関係性を追究する学問分野で，近年，社会心理学あるいは心理学全体に大きな発言権を持ちつつある。文化心理学に特徴的なのは，文化と心が相互構成をし合うという考え方である。本書でしばしば指摘してきたように，社会心理学は，人間の行動がその人物を取り巻く環境によって強力に左右されることを繰り返し実証してきた。しかし，環境が人（心）を変容させるという方向の影響については多くを語ってきたものの，人が環境（ここでは文化）を維持・変容させていくという見方は希薄であった（長谷川，1997）。文化心理学では，図14 - 4に示すように，文化が心を育み，さらにそのような文化の中に生まれた人間が文化を維持・変容させていくという双方向の循環的なプロセスを仮定している。なお，

この図からもわかるように，ここで言う「文化」とは，言語の用法や子育ての習慣，経済システムなどを含むかなり広義なものである。文化心理学は，人の心の普遍性に疑問を投げかけたことが主たる功績として挙げられることが多いが，このような心（人間）と文化（環境）のダイナミックな関係に着目したことも，社会心理学との関連においては重要といえるだろう。

　とはいえ文化心理学，それ自体もまだ十分に成熟した分野とは言えず，解決すべき問題は数多く残っている。たとえば，現実的な問題として，現在までに行われている研究は，アメリカ人もしくはカナダ人と，日本人，中国人，韓国人の大学生を比較したものがほとんどである。そのため，このように限られたサンプルで比較した結果を，西洋人と東洋人の相違として議論してよいものなのか，また単純な二分法で文化を語ってよいのかといった批判も出されている。文化と心との相互的な影響を議論するのであれば，今後はよりきめ細やかに，個別の文化と心の働きとの相互関係を検証していく必要があるだろう。

図14-4　文化心理学の考え方（北山，1997）

学習課題

1. キーワードに挙げられていることばについて説明してみよう。
2. あなた自身が考える東洋人（たとえば日本人）と西洋人（たとえばアメリカ人）の違いを挙げてみよう。その違いは，包括的思考と分析的思考という思考様式の相違や相互協調的自己観と相互独立的自己観という自己観の相違によって説明できるものだろうか。
3. 第6章で実施した20答法を見直してみよう。あなたの回答にはどのような特徴があるだろうか。それは相互協調的自己観と相互独立的自己観のいずれにより近いものだろうか。

引用文献

Cousins, S. D.（1989）. Culture and self-perception in Japan and the United States. *Journal of Personality and Social Psychology, 56*, 124-131.

長谷川寿一（1997）．文化心理学と進化心理学　柏木恵子・北山　忍・東　洋（編）　文化心理学　東京大学出版会　Pp.76-84.

北山　忍（1998）．自己と感情─文化心理学による問いかけ　日本認知科学会（編），認知科学モノグラフ9　共立出版

Markus, H. R., & Kitayama, S.（1991）. Culture and the self: Implications for cognition, emotion, and, motivation. *Psychological Review, 98*, 224-253.

Masuda, T., Ellsworth, P. C., Mesquita, B., Leu, J., Tanida, S., & van de Veerdonk, E.（2008）. Placing the face in context: Cultural differences in the perception of facial emotion. *Journal of Personality and Social Psychology, 94*, 365-381.

Masuda, T. & Nisbett, R.（2001）. Attending holistically versus analytically: Coparing the context sensitivity of Japanese and Americans. *Journal of Personality and Social Psychology, 81*, 922-934.

Morris, W., Peng, K.（1994）. Culture and cause: American and Chinese attributions for social and physical events. *Journal of Personality and Social Psychology, 67*, 949-971.

村本由紀子・山口勧（1997）．もうひとつのself-serving bias：日本人の帰属における自己卑下・集団奉仕傾向の共存とその意味について　実験社会心理学研究, 37,

65-75.

Nisbett, R. E.（2003）. *The geography of thought: How Asians and Westerners think differently...and why.* NY: The Free Press.（ニスベット，R. E.（著），村本由紀子（訳）（2004）.　木を見る西洋人　森を見る東洋人―思考の違いはいかにして生まれるか　ダイヤモンド社）

沼崎　誠・工藤恵理子（2003）.　自己高揚的呈示と自己卑下的呈示が呈示者の能力の推定に及ぼす効果―実験室実験とシナリオ実験との相違―実験社会心理学研究，43, 36-51.

Yamaguchi, S., Greenwald, A. G., Banaji, M. R., Murakami, F., Chen, D., Shiomura, K., Kobayashi, C., Cai, H., & Krendl, A.（2007）. Apparent universality of positive implicit self-esteem. *Psychological Science, 18*, 498-500.

参考文献

増田貴彦（2010）.『ボスだけを見る欧米人　みんなの顔まで見る日本人』講談社

ニスベット，R. E. 村本由紀子（訳）（2004）.『木を見る西洋人　森を見る東洋人―思考の違いはいかにして生まれるか』ダイヤモンド社

高野陽太郎（2019）.『日本人論の危険なあやまち―文化ステレオタイプの誘惑と罠―』ディスカヴァー・トゥエンティワン

15 | 社会心理学のこれから

《目標・ポイント》 本書のまとめとして社会心理学の特徴を改めて振り返るとともに，その将来的展望について，近年興隆しつつある3つの研究アプローチを通じて考える。また，社会心理学がどのような「知」を私たちに提供するのかについても議論する。

《キーワード》 メタ理論，社会的認知アプローチ，進化論的アプローチ，脳神経科学的アプローチ，マイクロ―マクロ，実践的な知，人文的な知

1. 社会心理学の多様性

　本書ではここまで「社会心理学」という学問を軸に，社会・集団・家族心理学にまつわる現代までの知見の数々をなるべく網羅的に紹介してきた。すべての章を読み終えて，読者の皆さんは，この科目に対してどのような印象を持っただろうか。個々の知見を眺めれば，そこには興味深いもの，納得できるものが多々あったと思われるが，ここで改めて「では，本科目の軸となっている社会心理学とはどのような学問か」と問われたとき，即座に回答することができるだろうか。

　社会心理学が扱う問題が多様であることは，社会心理学の大きな特徴の1つであり，それは社会心理学という学問を語る上での強みにも弱みにもなっている。では，なぜ社会心理学に多様性が見られるのか。これは1つには，社会心理学の研究対象が実に幅広いことが挙げられる。第1章では，社会心理学が「社会の中で生きる人の心」について実証的に

検討する学問であることを述べた。しかし，人間が営む生活はあらゆる場面で社会的である。特にゴードン・オルポートが言うように，他者が目の前に存在している場合だけでなく，想像の中で存在したり，存在がほのめかされていたりするに過ぎない状況さえ，社会的環境と見なすならば，人間の行動とその行動を生み出す心のしくみや働きは，どのようなものでもすべて社会心理学の研究対象になると考えることができる。であるならば，社会心理学が扱う問題の種類は際限なく増え続けることになる。

　また２つ目として，社会心理学が時代の変化に敏感な学問であり，常に同時代の社会的要請に応えるかたちで学問が発展してきたことも，問題の多様性を生み出す原因となっている。社会心理学の研究には特定の事件をきっかけに行われたり，個別の問題解決を目的として始められたりするものも多い。そのために，新たな事件が起きたり，解決が必要な新たな問題が見つかったりするたびに，研究の幅が広げられてきた。このことを肯定的にとらえるならば，社会心理学は時代の要請に即応でき，人が生きていく上での実践的な知（後述）を導くことのできる魅力的な学問だということができる。特に最近は，解決すべき問題も身近なものが増えてきており，人々が日常生活をよりよく生きるためのヒントが社会心理学から提供されることも増えてきた。

　しかしこのような多様性は，一方では，社会心理学の最大の弱みとして，研究者たちの悩みの種となっている。なぜなら多様性は，１つの学問分野としての蓄積性のなさや統一性のなさを意味することもあるからである。個別の研究の成果は有効で，またそれぞれの問題領域においてはある程度，蓄積性があったとしても，それらは互いにどのように関連し，どのような共通性を持っているのか。あるいは，個別の領域の研究を束ねる社会心理学の理論（メタ理論あるいはグランド・セオリー）と

いったものはあるのかと問われたとき，現代の社会心理学は残念ながら未だ確たる答えを持たない。それでも近年の潮流は，社会心理学の研究を収束させる可能性を秘めたものにも見える。次節では，最近の社会心理学の動向を見ながら，今後の展望を探っていきたい。

2. 社会心理学の研究アプローチ

（1）社会的認知アプローチ

　20世紀後半から今日にかけて，社会心理学の研究に１つの方向性を示してきたのが，社会的認知という領域である。これは，ひと言で言えば，人がいかに社会を理解するかという，個人から社会へのプロセスを解明することを目的とした領域であり，概念や方法論の多くを認知心理学に負っている。社会的認知研究の特徴は，そのアプローチの仕方にある。すなわち，人間をコンピュータの一種（情報処理システム）と見なし，外界から情報を入力，処理し，行動として出力する存在として描くことで，人間の心の働きをプロセスとしてモデル化しようとする点で共通している。この意味で，社会的認知の研究は社会心理学の一領域というよりも，社会心理学的問題へのアプローチの仕方を表現するものと考えるのがより適切である（Fiske & Taylor, 2016）。

　人間を情報処理システムと見なす考え方は，社会心理学が人間を対象とする学問である以上，あらゆる領域の研究に適用可能である。結果として社会的認知研究の枠組みは，導入されて以降，瞬く間に社会心理学全体に広がり，かつては関連性が問われることなどなかった領域の研究者同士が，共通の概念や理論を使って対話できるようになっている。

　社会的認知アプローチはまた，社会心理学の研究方法にも変化をもたらした。たとえば，課題遂行時の反応時間の測定や，記憶の量と正確さ

を測定する再生・再認テストなど，認知心理学において開発された実験手続きが社会心理学に持ち込まれ，人の認知構造や認知過程を直接的，客観的に調べられるツールとして利用されることになった。こうして，社会心理学の各領域が，概念や理論だけでなく，方法論の共有を通じても，徐々に連携がもたれるようになったのである。

　かつて社会的認知研究が興隆の兆しを見せ始めていたころ，オストロムは，その潜在的可能性を"社会的認知による（社会心理学の）統治"（The Sovereignty of Social Cognition）ということばで表現したことがある（Ostrom, 1984）。当時，このことばは，社会的認知の研究者が他の社会心理学領域の研究の価値を貶め，それらを排除し，自分たちだけの王国を作り出そうとしていることの表れと見なされ，多くの反感をかった。ただ彼の真意は"排除"というよりは"包摂"にあり，幅広い領域にまたがった伝統的な社会心理学研究が，社会的認知という枠組みの中に包摂されることで，社会心理学の中に秩序が生まれることを期待するものであった（Ostrom, 1994）。社会心理学の現況は，まさにオストロムが想定したようなものであり，社会的認知アプローチは，社会心理学という学問自体の発展をも推進することになった。興味深いことに，人をコンピュータとみなす社会的認知アプローチは，本来，感情や意識・無意識といったコンピュータが持ち得ない機能を研究対象とするのは難しいはずだが，今日の社会的認知研究は，このような機能に対しても積極的に取り組み，多くの知見を産出している。

　ちなみに，第1章で取り上げたアロンソンによる『ザ・ソーシャル・アニマル』は，ほぼ4年ごとに改訂が行われているが，改訂の内容は最新の研究成果やその時に話題になった社会心理学的事象・事件を取り込むといった情報の更新が主で，本全体の構成は初版から第11版に至るまであまり変更されていない。その中で唯一，大きな変更が行われたのが

第6版の改訂時であり，それは「社会的認知」と題した章の追加であった（Aronson, 1992）。この事実1つを見ても，社会的認知研究が，社会心理学全体に与えた影響の大きさを察することができるだろう。

（2）進化論的アプローチ

　社会的認知アプローチは，社会心理学の諸領域の間にあった垣根を低くする上で，一定の役割を果たしてきたと思われる。しかし社会的認知アプローチは，人間がどのような心のしくみや働きを持ち，それがどのようなプロセスを経て働くかについては教えてくれるものの，なぜ人間はそのような心のしくみや働きを持っているかについては教えてくれない。こうした疑問に統一的な答えを提供してくれるものとして，近年大きく期待されているのが進化論的アプローチである。本書でも，人の心のしくみや働きを進化の賜物と捉える進化心理学の考え方は，折に触れて紹介してきた。すなわち進化論的アプローチとは，現在の（人間を含む）生物が持つ身体的形質や行動傾向が，その生物が暮らした，かつての生活環境への適応の結果として自然選択されてきたものであるのと同じように，人間が持つ心のしくみや働きを進化的適応の産物と捉えるアプローチのことである。これまでばらばらに検討されてきた人間が持つ種々の心の機能を，「適応」という概念のもとに包括的に理解しようとする取り組みといいかえることもできる（亀田・村田，2010）。

　心理学の中に進化論的な考え方を取り込むという発想自体は新しいものではなく，チャールズ・ダーウィンも『種の起源』（Darwin, 1859）の中でその可能性について触れている。しかし社会心理学の知見の数々を，進化的適応という概念のもとで統一的に理解しようという試みは始まったばかりであり，今後の発展が期待されている。社会心理学において，進化論的アプローチが注目されるようになった背景には，人間（や

霊長類）が適応すべき環境は，当初，進化論で想定されているような自然環境ではなく，むしろ社会環境だったのではないかという，近年の進化心理学者たちの主張が大きな役割を果たしている。

　進化人類学者のロビン・ダンバーによると，一般的には脳の大きさは体重と比例し，体重が重いほど脳容量も大きい。しかしその中でも霊長類の脳容量は他の生物を大きく上回っており，人に至ってはさらに大きな脳容量を有している。脳の維持には多大なコストがかかる。他の身体部位に比べて消費されるエネルギーが格段に多いためである。したがって適応的な観点からいえば脳は小さい方が良いはずであり，霊長類において脳が大きいことには，コストに見合うだけの必要性があったと考えなければ，つじつまが合わない。そこでダンバーは，大脳の中でも特に進化的に新しく，知覚，思考，判断など高次心理機能を司る大脳新皮質という部位の大きさを様々な霊長類で調べ，それをそれぞれの種の平均的な社会集団の大きさと対応づけてみた。すると興味深いことに，両者の間に比例関係があることが見出された。すなわち，集団サイズが大きくなるほど，大脳新皮質が大きくなっていたのである。

　こうしたことから，霊長類，とりわけ人間の脳（特に大脳新皮質）が大きくなったのは，集団サイズが大きくなり，恒常的に接する他者の数が増えたためという仮説（社会脳仮説）が提出されている（Dunber, 1997）。他者との集団生活は過酷な自然環境を互いの協力によって切り抜けるという点で効果的な方略である。しかし他方で，集団生活においては，同じように「心」を持つ他者を相手に，一方的に不利な立場に置かれることなく協力関係を結ぶという，複雑な課題を解決することが求められる。しかも集団のサイズが大きくなれば，その分だけ調整すべき人間関係も増えることになるため，社会環境において要求される知性は，自然環境を相手にするとき以上に高度なものになると予測される。すな

わち，人間が持つ大きな脳とそれを基盤とする心的機能は，人間が社会的動物であるがゆえに自然選択された進化的適応の産物であるというのが，社会脳仮説の主張である。この考えに基づけば，社会心理学において明らかにされてきた人間の社会的行動や，その背後にあると推測された種々の心の機能は，社会的環境における適応（生存率や繁殖率の増加）を高めるために自然選択されたものと解釈できるはずである。社会脳仮説は，後述する脳神経科学にも大きな影響を与えている。

　なお，進化論的アプローチをとる進化心理学者たちが考える適応とは，彼らが進化的適応環境（EEA：Environment of Evolutionary Adaptedness）と呼ぶ，更新世の時代（200万〜300万年前から数万年程度前）の環境への適応を指すが，進化のスピードは遅いため，人間の心の機能自体はこの時代からほとんど変化していないと考えられている。したがって，現代人に見られる様々な認知の歪み（バイアス）や不適応行動は，進化的適応環境と現代環境との間にある乖離によるものだという主張もある。一方，文化心理学者が考える文化差は，長くても数千年ほどの間に生まれたものと考えられていることから，このような変化が同じ「適応」という枠組みの中で理解できるものなのか，議論が交わされている（石井，2009）。

（3）脳神経科学的アプローチ

　進化心理学的アプローチと並び，もう1つ，社会心理学において急速な発展を見せているものに，脳神経科学的アプローチがある。社会的認知アプローチは，人間の心のしくみや働きをコンピュータになぞらえることで，様々な社会心理学的知見を包括的に理解することに貢献したが，そこで想定されていたのは心のしくみや働きに関する抽象的なモデルであり，それが脳神経科学的にどのように実現されているのかについては，

あまり問題とされてこなかった。しかし心のしくみや働きを知るには，その脳神経科学的な基盤の理解が不可欠だという考えは，早い時期から社会心理学者にも共有されたものだった。たとえば，態度は「精神的な状態であると同時に神経学的な状態である」と定義されているが（第5章参照），このような定義をしたゴードン・オルポート自身が，当時，「社会的なプロセスの生物学的な基盤を知るにはあと1000年はかかるだろう」と述べている。このことからもわかるように，高次の心の働きを，脳神経科学的な側面から探求するための手法は，ごく最近まで極めて限られたものしかなかった。

　そのような事態を一変させたのは，fMRIをはじめとする脳機能イメージング技術の進展である。様々な課題の遂行中に，脳のどの部位が活発に活動しているかを比較的容易に計測，記録できるようになったことで，脳神経科学的手法を用いて既存の（抽象的な）モデルの妥当性を検証したり，モデルの再構築を図ったりする研究に社会心理学者が携わることが急速に増えてきた。また上述の社会脳仮説の影響もあって，最近では，社会的知性は人間を特徴づける最も重要な知性として様々な分野で脚光を浴びるようになっており，脳神経科学者も脳の社会的機能を調べる研究を積極的に行うようになってきた。このようにして日々生み出されている無数の研究は，様々な脳の部位がどのような心の機能と対応しているかを徐々に明らかにし，また特定の脳部位を通じて，これまで別個に扱われてきたそれぞれの心の機能の間に関連性が指摘されるようになってきている。すなわち脳神経科学的アプローチは，脳というハードウェアを通じて，心というソフトウェアの機能を統合する可能性を持っているといえるだろう。たとえばアイゼンバーガーらは，fMRIを使った研究で，身体に痛みを感じたときに活性化する脳部位と，社会的排除（仲間はずれ）によって心に痛みを感じたときに活性化する脳部位が

かなりの程度，重複することを示している（Eisenberger, Lieberman, & Williams, 2003）。人間関係構築の失敗に伴う心理的苦痛が，生存率を直接的に低める身体的苦痛と，脳内で同じように表象されているのだとすれば，これは人間の適応において社会環境がいかに重要であったかを示唆する証拠の1つと考えることができるだろう。

（4）社会心理学の重層性：マイクロ―マクロ

　ここまで，この半世紀ほどの間に，社会心理学において注目を浴びるようになったアプローチを紹介してきた。これらはいずれも多様な社会心理学の知見を統合する役割を担いうるものだが，互いに排除し合うものではない。3つのアプローチがうまく補い合うことで，社会心理学で扱われる「個人内」「対人間」「集団」という3つの水準の社会（第1章参照）が，有機的に統合されていくことを期待したい。

　特に近年の社会心理学は，「個人内」というマイクロな水準に注目した研究が主流であり，個人が社会環境をどのように認識，理解，思考するかという問題意識を検討することにもっぱらの関心があった。結果的に社会環境は個人の心の情報処理過程に入力される刺激の1つとして単純化あるいは矮小化されてしまっていたといえるかもしれない。北山（1999）は，現代の社会心理学者について「自らの領域を社会的刺激を対象にしたときの『一般』心理学のことであると自己定義し，心の社会性の解明という社会心理学に固有の問題を自ら放棄してきているかのようである」と痛烈に批判している。

　現代の社会心理学において，文化心理学（第14章参照）がもてはやされる背景には，このような実情への反省の意味も込められている。ただ，社会心理学が「個人内」「対人間」「集団」といった異なる水準の社会を扱うのは，社会をより多面的，重層的なものとして捉えるという意味で，

必ずしも悪いことではない。問題なのは，特定の水準に研究が偏ること
であり，また水準間の研究のつながりを欠くことである。その意味では，
今回，公認心理師の誕生により期せずして深まった家族心理学との関係
性は，社会心理学に新たな視点をもたらすきっかけとなるだろう。第12
章，第13章で概観したように，家族心理学は「家族」を１つのシステム
として扱い，「個人内」「対人間」「集団」の問題をよりダイナミックに
捉えようとしているからである。

　マイクロな水準とマクロな水準をつなぐ縦の糸を模索し，そのダイナ
ミックな関係性を考えていくという取り組みは，社会心理学のなかでも
徐々に進んでいる。たとえば，かつて社会的認知研究といえば，その対
象となるのは「個人内」の水準の社会に限られていた。しかし現在では，
その社会的認知研究で用いられてきたアプローチが，異なる水準の社会
をつなぐ糸としても期待されている。それは，1984年に初版が出版され
て以降，この分野の基本的文献として長年愛され，改訂が繰り返されて
きたフィスクとテイラーの「社会的認知」という書籍が，2007年に改訂
された折，「脳から文化まで」という副題がつけられた（Fiske &
Tayler, 2007）ことに象徴的である。すなわち，本書で扱った「個人内」
の水準よりもさらにマイクロな社会である，個人の脳内活動という水準
から，文化というマクロな水準の社会までを，社会的認知という１つの
アプローチで統合していこうという試みである。今後もこのような方向
性はますます加速していくものと思われる。

（5）社会心理学の学際性

　既述の３つのアプローチは，いずれも社会心理学以外の学問（認知心
理学，進化生物学，脳神経科学）の考えや方法論を取り入れたものだと
いうことにも注目したい。このように社会心理学は他の学問分野からの

知識の"輸入"を厭わず，むしろそれらを積極的に（ある意味，貪欲に）取り入れることで今日まで発展してきた。このような社会心理学のスタンスは，悪く言えば学問としてのアイデンティティのなさや，"節操のなさ"を象徴するものと言える。しかし肯定的に考えれば，「社会の中の人の心を探究する学問」という社会心理学の緩い定義と柔軟性が学際研究を後押しし，開かれた学問として人間研究の拠点となりうる可能性を秘めているとも考えられる。したがって，公認心理師カリキュラムへの対応に伴い，集団心理学のみならず，家族心理学が科目名に併記されるようになったことについても，社会心理学の力量が試される出来事として，前向きに捉えられることもできるだろう。

　最近は，「社会的動物としての人間」の心の機能や社会脳への関心が，社会心理学以外の学問分野でも目に見えて高まってきており，反対に社会心理学の知識が"輸出"される機会も増えてきた。多くの学問分野が交錯する「クロスロードの社会心理学」（村田・安藤・沼崎，2009）が，人間の"社会性"という共通の学問的関心を抱きながらも，異なる学問分野で活躍している研究者たちを結びつける存在となること，これが現代の社会心理学に期待されている姿である。

3. 社会心理学がもたらすもの（再考）

　ここまで見てきたように社会心理学は未だ完成された学問とはいえない。しかしそれでもなお，社会心理学を学ぶことは，私たちに新たな発見をもたらし，私たちの生活を豊かにしてくれる。それを唐沢（2014）は，2つの「知」として表現している。1つは実践的な知であり，もう1つは私たちが「人間とはどのような存在か」を語る際に必要となる人文的な知である。本書を締めくくるにあたり，この点について考えてい

きたい。

（1） 実践的な知

　実践的な知については，すでに第1章でも述べた。社会心理学の研究
は，その成り立ちからして，現実世界の事件や事象との関係性が非常に
深い学問である。そのため，社会心理学が提供する知識が，現実の問題
解決に利用できることは多々ある。これが実践的な知である。

　特に社会心理学の研究をリードし続けてきたアメリカでは，社会心理
学によって得られた実践知は様々な場面で利用されており，社会心理学
者が選挙の際に候補者にアドバイスをしたり，参考人として法廷で証言
をしたり，マーケティングのコンサルタント業務を請け負ったりすると
いったことも特に珍しいことではない。加えて最近は，発信力のある社
会心理学者たちが，自らが生み出した知見を一般に向けて易しく解説す
る書籍が次々と出版されている。これらの書籍は，私たちが日常の中で
遭遇したり，頭を悩ませたりしたことがある問題を扱っており，社会心
理学の実践知を一般の人々が利用することに一役買っている。日本では，
こうした傾向はまだ一般的ではないが，本書の読者の皆さんが，これを
きっかけに様々な社会心理学の書を手にとり，そこで得られた知識を自
らの生活に活かしていってくれることを願っている。

（2） 人文的な知

　社会心理学がもたらす「知」として，上記のような実践的な知は容易
に思いつきやすいものだろう。しかし唐沢（2014）は，この実践的な知
に加え，「人間とはどのような存在か」という，より本質的な問題を考
える上での知も社会心理学は提供できると述べている。これが人文的な
知であり，いわば人間観構築の基礎となる知である。

244

　第1章でも述べたとおり，本書で紹介した社会心理学の知見には，こ
れまでの常識の範囲内で十分に理解可能なものがあった反面，皆さんの
常識を覆すような内容も少なからずあったことだろう。そしてそのよう
な常識に反する研究に出合う度，「果たして人間とはどのような存在な
のか」と，改めて問い直したのではないだろうか。
　私たちは日々，他者や自分の行動を観察しており，その意味では誰も
が"アマチュア"の社会心理学者である。しかしそのような観察は体系
的でなかったり，バイアスがかかっていたりするため，人間が様々な社
会的場面で何を考え，何を感じ，どのように振る舞うかを正確に見極め
ることは難しい。そのようななかで社会心理学が果たすべき役割は，実
験等の実証研究を通じて，客観的に問題を取り扱うことだろう。たとえ
ば，権威者の命令に対して人は時に過剰なまでの服従をすること，自分
が堅く信じていた事柄が真実ではないとわかったとき，人はその信念を
捨てることなく，その信念を維持するために非合理な行動をとる場合が
あること，人は自分のことを実際よりもよく見る傾向があること。これ
らはいずれも，実証研究によって明らかにされた事実である。しかし，
このような一連の事実は，人間の社会行動や，その行動を生み出す心の
しくみや働きについての法則性を明らかにするだけでなく，このような
法則性に従う人間の本質を浮き彫りにすると思われる。すなわち，日常
生活につきまとう様々なノイズを取り払った条件で，なるべく純粋に
「社会の中で生きる人間の心」を抽出しようとする社会心理学の取り組
みは，特別にそれを意図しているわけでなくても，必然的に人間に対す
る見方を再考させる機会を提供するのではないだろうか。これが人間観
構築の基礎となる人文的な知である。この「人間」には，当然ながら私
たち自身が含まれる。このように考えるなら，社会心理学がもたらす人
文的な知は人間観のみならず，自己観の再考を促すものにもなるだろ

う。

　ここまで，本科目の中核である社会心理学の特徴とその将来的展望について考えてきた。繰り返し述べているように，今後，社会心理学は，集団心理学，家族心理学と歩みをともにするようになる。このことが，社会心理学という魅力的な学問をさらに豊かな学問へと発展させるきっかけになると期待したい。

 1．キーワードに挙げられていることばについて説明してみよう。
　　　　　2．第1章の学習課題1を見直してみよう。そこで描いた社会心理学のイメージと，本書をすべて読み終えた今，抱いているイメージには違いがあるだろうか。ある場合には，どのような違いがあるのかを書き出してみよう。
　　　　　3．本書の学習を通じて，実践知として利用できそうなものはあっただろうか。また，人間観や自己観の変容はあっただろうか。考えてみよう。

引用文献

Aronson, E. (1992). *The Social Animal* (*6th ed.*). NY: W.H. Freeman and Company. (アロンソン，E.（著），岡隆・亀田達也（訳）(1995). ザ・ソーシャル・アニマル　サイエンス社)

Darwin, C. (1859). *On the origin of species by means of natural selection, or the preservation of favoured races in the struggle for life.* London: John Murray. (ダーウィン（著）・渡辺政隆（訳）(2009). 種の起源　光文社)

Dunbar, R. I. M. (1997). 言葉の起源　科学 , 67, 289-296.

Eisenberger, N. I., Lieberman, M. D. & Williams, K. D. (2003). Does rejection hurt? An fMRI study of social exclusion. *Science, 302*, 290-292.

Fiske, S.T., & Taylor, S.E. (2007). *Social cognition* (*2nd ed.*). NY: McGraw-Hill.

Fiske, S.T., & Taylor, S. E. (2016). *Social cognition* (*3nd ed.*). SAGE Publications Ltd.

亀田達也・村田光二（2010）．複雑さに挑む社会心理学—適応エージェントとしての人間（改訂版）　有斐閣アルマ

北山忍（1999）．社会心理学の使命と「信頼の構造」の意義—ゲーム理論と文化心理学　社会心理学研究, 15, 60-65.

村田光二・安藤清志・沼崎　誠（2009）．社会心理学の研究動向　安藤清志・村田光二・沼崎　誠（編）新版　社会心理学研究法入門（pp.223-229）東京大学出版会

Ostrom, T. M. (1984). The sovereignty of social cognition. In R. S. Wyer, Jr. & T. K. Srull (Eds.), *Handbook of Social Cognition* (vol.1, pp.1-38). Hillsdale, NJ: Erlbaum.

Ostrom, T. M. (1994). Foreword. In R. S. Wyer & T. K. Srull (Eds.), *Handbook of Social Cognition* (2nd ed., vol.1, pp.vii-xii), Hillsdale, NJ: Erlbaum.

参考文献

唐沢かおり（編）（2014）．『新　社会心理学—心と社会をつなぐ知の統合』北大路書房

安藤清志・村田光二・沼崎　誠（編）『新版　社会心理学研究法入門』東京大学出版会

索引

●配列は五十音順，＊は人名を示す。

著者紹介

森　津太子（もり・つたこ）

1970年　　岐阜県に生まれる
1998年　　お茶の水女子大学大学院博士課程単位取得退学
現在　　　放送大学教養学部心理と教育コース教授・博士（人文科学）
専攻　　　社会心理学，社会的認知
主な著書　社会・集団・家族心理学（単著，放送大学教育振興会
　　　　　2020年）
　　　　　心理学概論（共著，放送大学教育振興会　2018年）
　　　　　現代の認知心理学 – 社会と感情 – （分担執筆，北大路書房
　　　　　2010年）
　　　　　社会心理学 – 社会で生きる人のいとなみを探る – （分担執
　　　　　筆，ミネルヴァ書房　2009年）

放送大学教材　1529412-1-2011（テレビ）

社会・集団・家族心理学

発　行　　　2020年3月20日　第1刷
　　　　　　2021年1月20日　第2刷
著　者　　　森 津太子
発行所　　　一般財団法人　放送大学教育振興会
　　　　　　〒105-0001　東京都港区虎ノ門1-14-1　郵政福祉琴平ビル
　　　　　　電話　03（3502）2750

市販用は放送大学教材と同じ内容です。定価はカバーに表示してあります。
落丁本・乱丁本はお取り替えいたします。

Printed in Japan　ISBN978-4-595-32179-5　C1331